阪南大学叢書
112

歌は分断を越えて

在日コリアン二世のソプラノ歌手・金桂仙

坪井兵輔 著

新泉社

もくじ

本書の内容は、筆者が２００８年10月から２０１８年12月にかけて行った、金桂仙さんへのロングインタビューを中心にした取材をもとに構成したものである。なお取材成果の一部は、ラジオドキュメンタリー『故郷の歌』(毎日放送、２００９年)として発表されている。

歌は分断を越えて

序章　ハングル・ウィンター・コンサートの会場で

ハングル・ウィンター・コンサート

イムジン河　水清く　とうとうと流る
水鳥自由に　むらがり飛び交うよ
我が祖国　南の地　おもいははるか
イムジン河　水清く　とうとうと流る

哀切な調べがコンサート会場に響く。
朝鮮半島・祖国統一の願いを込めた曲『イムジン河』(作曲 高宗漢)が朗々と歌い上げられると、聴衆のあいだに嗚咽が広がった。半島の北緯38度線付近を流れる大河は、南北に分断された朝鮮民族の悲哀を映し出す。故郷を失った悔しさ、家族が引き裂かれた苦しみ。自由な往来を希求する人々が歌でつながる。手をとりあい、背中を撫で、歌詞を口ずさみ、心を通わす。

イムジン河　空遠く
虹よ　かかっておくれ
河よ　おもいを伝えておくれ
ふるさとをいつまでも　忘れはしない

イムジン河　水清く　とうとうと流る

朝鮮民主主義人民共和国・北朝鮮の国歌を手掛けた詩人・朴世永《パクセヨン》が作詞した。1902年、現在の韓国・高陽市で生まれ、日本統治下で木戸世永と名前を変えられた。植民地解放後、ソウルから北へ渡った。『イムジン河』は1968年、日本では国交のない北朝鮮から統一を願うという政治性が問題視され、レコードが発売中止になったこともある。

大阪ミナミを代表する繁華街、心斎橋筋商店街。飲食店や飲み屋が立ち並ぶ路地に面した小さな楽器店のビルに、100人近い在日コリアンの老若男女が集った。車いすの一世から胸に抱かれた四世の赤ちゃんまで、まるで親族の集まりか同窓会のような打ち解けた空気が広がっている。

「ほっとします……。いま在日が集い、故郷の歌をともに聞ける場はありません」

「年取ってずっと引きこもってた。人と会うことも少なくなったので今日、すごく楽しみにしてたのよ」

「北朝鮮や韓国のニュース、日本とのいざこざばっかりで怖くて見られへん。新聞も見るの嫌になった。あかんなあ、どんどん社会が遠ざかるわ」

朝鮮民族の伝統衣装は、鮮やかな色彩を用いる。2017年12月3日、外は凍てつく寒さだが、ビル内の会場は赤やピンク、黄色や萌黄色に染め上げられ、春の花畑のようだ。熱気が高まり、眼鏡や窓を幾度ふいても白く曇る。

「こんにちは。大阪生まれのＭＡＤＥ　ＩＮ　ＪＡＰＡＮ。金桂仙《キムケソン》です。歌で〝故郷〟を届けたいと願っています」

はじめて開催されたハングル・ウィンター・コンサート、桂仙さんが中心になり準備を進めてきた。このとき69歳、在日二世のソプラノ歌手だ。

ともにステージに立つ20代から70代の歌手６人とピアニストも皆、在日だ。桂仙さんは娘のような年齢の三世の女性ソプラノ、男性テノール、〝イケメン〟バリトン歌手を紹介した。

「今日は本当に楽しみでした。力が入ります。一世たちの愛した歌曲が未来の世代に歌い継がれることを願っています。ささやかなコンサートですが、心ゆくまでお楽しみください」

いま関西の大半の在日歌手が、差別や心無い中傷を恐れ、日本の通名で活動をしている。

息苦しい時代のなか、傷つくことを恐れずに本名を名乗る桂仙さんが、チマチョゴリ姿で壇上に立つと、地鳴りのような拍手と歓声が響いた。

『希望の国へ』『黄金のリンゴの木を植えた』……。日本の植民地統治時代に奪われた民族の歌の旋律、朝鮮半島の美しい自然や人々の喜びをうたう歌が、時空を超えてよみがえる。

生まれ育った日本と、祖先のルーツである朝鮮半島。軋轢のなかで懊悩し、さまよい、挫折の後にソプラノ歌手として再生した桂仙さんの歌声が、同胞の胸を打つ。人気の韓流テレビドラマ『冬のソナタ』の主題歌『ＭＹ　ＭＥＭＯＲＹ』がはじまると、会場に深いため息が広がった。

二世の桂仙さんは車いすの一世の手をさすり、三世の母の胸に抱かれた幼い四世のほほをなでる。コンサート会場を歩き回り、声をかけ、分け隔てなく視線を交わす。

会場で、日本に帰化したという22歳の女子大生に話を聞いた。

「三世、四世の世代では結婚や就職を機に日本に帰化する選択が増えています。生まれ育ったのは日本だし、ここで生活していくためにも日本人でないとうまくいかないことも多いんです。でも、やっぱりルーツは朝鮮民族です。金さんの歌を聞くと懐かしくなります」


「今日がデビューです。これからが青春です」

平均年齢70歳を超えた女性コーラスグループ「ア・ジュマーズ」のお披露目で、会場はさらに沸いた。

「アジュマ」、日本語で「おばちゃん」を意味する言葉から命名されたア・ジュマーズ。桂仙さんの在日コリアン二世の友人8人が集まった。伴侶を失った人、子どもが巣立った人……、歌でつながり、歌でさびしさや喪失を乗り越えようと励まし合っている。まったくの素人集団だが、技量はともかく度胸満点、圧倒的な貫禄と迫力で朝鮮民族の心の歌『ひとりアリラン』を披露した。

遠く東海の寂しい島　今日も強風吹き荒び
小さな顔に風受けば　島よ　過ごし夜は眠れたか

アリラン　アリラン　ひとりアリラン
アリラン峠を越えて行こう
道すがら辛ければ休みつつ　手と手を取りともに行こう

続けて『親友よ』を熱唱。

親友よ　ともに歌おう　生まれた故郷は違えども
同じ空の下で育まれた　私たちは家族です

桂仙さんは言う。

「北と南、日本と朝鮮半島、そして日本社会と在日の分断を歌で乗り越えたい」

歌を信じ、歌に導かれてきた彼女は、幾度も「分断」に夢を奪われた。

植民地解放後の朝鮮戦争で同じ民族が引き裂かれた北朝鮮と韓国の分断、日本と朝鮮半島の国家間の分断、日本人と在日コリアンの分断、総連と民団のイデオロギーをめぐる分断、そして故郷を奪われた在日一世と日本で育ち、日本に根差す三世以後の世代の分断。

「分断」の歴史はいまも終わらない。国際的に経済格差がますます深刻化し、持てるものと持たざるものの分断が深まっている。拝外主義的な自国第一主義の風潮は世界を覆い尽くす勢いで、国家間、民族間の分断も社会を揺るがしている。

桂仙さんは、プロの歌手として嘱望された未来も、海外公演の夢もこの分断ゆえに奪い去られた。国家に人生を翻弄され、歌を断念したこともある。心労で倒れ、死線をさまよったこともある。明日の見えない絶望の深淵に、長く沈んだ時期もある。

それでも、生きるための道標は歌しかなかった。絶望、断念、後悔、感謝、再起、決意……。起伏の激しい70年近い人生のなかで味わってきた思いを、彼女は歌に込める。

南北の統一を願う歌

ハングル・ウィンター・コンサートで、桂仙さんは、朝鮮半島最初の近代芸術歌曲とされる『鳳仙花』を歌った。

暗い時代に朝鮮民族独立の象徴になったこの曲は、1919年、「韓国の楽聖」と呼ばれる作曲家・洪蘭坡《ホンナンパ》が作った。洪蘭坡は東京芸術大学の前身、東京音楽学校で学んでいたが、朝鮮民族が日本による植民地支配からの解放を求め立ち上がった3・1独立運動が起きた翌年、朝鮮半島に戻った。「哀愁」というバイオリン独奏曲を作り、切ない旋律に亡国の悲しみと独立への願いを託した。

6年後、声楽家の金亨俊《キムヒョンジュン》が作詞をして『鳳仙花』となり、日本統治下の朝鮮全土にひそかに広がった。当時の朝鮮民族に希望の光を灯した洪蘭坡だが、官憲に危険分子と見なされた。1937年に投獄され、太平洋戦争勃発の約3か月前に落命した。44歳の若さだった。

垣の下に咲く　鳳仙花よ
汝の姿が哀れなり
長い夏の日　美しく咲く頃
愛らしい娘たちが
おまえを愛《かな》しみ　遊べり

鳳仙花は、夏から秋にかけて、葉のわきで横向きに赤、桃色、白の花を咲かせる。花びらをもみつぶすと指は紅に染まり、その色は朝鮮の人々に広く愛された。歌は表向きこそ鳳仙花が映し出す四季の移ろいを表現しているが、洪蘭坡は、風に煽られ、花びらを奪われる悲しい姿に民族の運命を重ねた。虐げられ踏みにじられても、人間としての尊厳を失わず、祖国をふたたび取り戻すという決意を込めた。

美しい鳳仙花の花びらを
残酷に無残に奪い去ってゆく

花落ち枯れ果てた鳳仙花
お前の姿が哀れで悲しい

北風寒風　冷たい風に
鳳仙花の姿が失われても
平和を夢見る鳳仙花の魂だけは奪われない
うららかに春風めぐり
鳳仙花よ　もう一度よみがえらん

在日コリアンの聴衆が肩を寄せ合い、手拍子を鳴らし、ともに歌う。世代を越えて民族の心が響き合う。73歳の女性が目を潤ませながら語る。

「在日が何の不安もなく過ごせる場所は多くない。金さんは重苦しい時代の小さな、でも、たくましい灯です」

会場からは、他にもこのような声があがる。

「一世の思い出に会えた。うれしい。涙出るわ。故郷の宝物が失われてほしくない」

桂仙さんは40年近く、大阪市内の焼肉店の女将を務め、これまで2万人を超える客を迎えてきた。頼まれたら断れない性格で、人の世話焼きに東奔西走するものの、自分のPRは苦手だ。知る人ぞ知る在日の草の根の歌手だが、ひとたび舞台にあがれば、気さくで飾らない人柄と熱のこもった歌声で出会った人を逸らさない。コンサートは女将業と同じ一期一会の真剣勝負、この日の出会いをかけがえのないものにするため力をふりしぼる。

「故郷は朝鮮半島だけではありません。生まれ育った日本、両親、夫、子どもたち、そして愛する焼肉屋、過ぎ去った青春の日々、友人たちと歌の師匠、何より在日コリアンの皆さんが私の心の寄る辺であり、かけがえのない故郷です」

桂仙さんは意図的に「コリア」という言葉を使う。

ひとつしかない民族の言葉に対して日本語では「韓国語」と「朝鮮語」とふたつの呼称がある。在日にとって、どちらの呼称を使うかは政治性を帯びる選択だ。しかし本来、歌の言葉に国境はない。統一への願いを込めて、「コリア」にこだわる。

北も南も否定しない桂仙さんは、『今日の日はさようなら』(作詞作曲 金子詔一)の合唱を呼びかけた。

いつまでも　絶えることなく　友達でいよう
明日の日を夢見て　希望の道を
空を飛ぶ　鳥のように　自由に生きる

今日の日はさようなら　またあう日まで

桂仙さんの朝鮮学校の親友や親族、多くの知人が1950年代から80年代にかけて行われた「帰国事業」で北朝鮮に帰っていった。離別の苦しみはいつか再会の喜びをもたらすと願い、ひたすら祖国の統一を信じたが、いまも朝鮮半島では南北分断の時代が終わらない。

信じあう　よろこびを　大切にしよう
今日の日はさようなら
またあう日まで　またあう日まで

大阪ミナミのコンサート会場に集まった在日の人々の合唱する声が共鳴し、ひとつのうねりとなる。平和でなければ、歌はうたえない。対立から、美しい曲は生まれないだろう。会場の片隅で涙を浮かべていた若い在日の女性が、深いため息をもらしつつこう語ってくれた。
「本名で歌うことはすごく勇気がいると思います。励まされます。私は傷つくのが怖くて通名しか使えません。出自を偽り、自分に嘘をつかなければならない痛みに日本社会は気づいてほしい」

苦しむ人に歌で寄り添いたい

数日前、この会場の外の路上では、憎しみに満ちた暴言が公然と吐き出されていた。

「寄生虫、北のスパイ、ゴキブリを叩き出せ！」

「非国民、売国奴は日本から出ていけ！」

「愛国者だけが日本に住むことが許される。テロリストを育む朝鮮学校は叩き潰せ！」

大阪のキタとミナミをつなぐ御堂筋に街宣車が列をなす。

自分たちと異なる国籍や民族、価値観や考え方を否定する負の情念に動員された10代から60代の男女が、サングラスとマスクで顔を隠して練り歩く。そして「愛国者」と「国賊」、「日本人」と「非国民」といった排他的で身勝手な分断線を押し付けようとしている。

大阪には、多くの在日コリアンが暮らす地域が点在する。桂仙さんが暮らす大阪市淀川区や、生まれ育った吹田市。最大のコリアタウンは、「猪飼野」と呼ばれた大阪市生野区の鶴橋周辺だ。終戦直後、鶴橋にできた闇市は迷路のように入り組んだ商店街になっている。

この界隈ではいま、住民の4人にひとりが朝鮮半島にルーツを持つとされる。日本人との結婚や帰化で日本国籍になった者を含めると、その割合は3人にひとりにまでなる。キムチやチマチョゴリなどを売る店が軒を連ね、路上ではコリア語も飛び交う。

大阪の在日の起源は、1世紀以上前にさかのぼる。日本が1910年（明治43年）に日韓併合による植民地統治をはじめてから、土木や河川工事のために徴用された朝鮮人労働者が大阪に渡った。大阪と済州島や釜山のあいだを結ぶ「靖国丸」などが定期運航をはじめると、強制的な徴税や土地収奪によって困窮した朝鮮人が次々と大阪に移り住んだ。かれらの多くは太平洋戦争での日本の敗戦後、解放された祖国に帰ろうとした。

しかし1950年、朝鮮戦争が勃発。祖国は南北に引き裂かれ、同じ民族同士が殺し合い、憎しみ合った。故郷を破壊され、帰国できなくなった人々が在日一世になった。

この街で2013年5月、在日社会を震撼させる事件が起きた。

「日韓国交断絶国民大行進 in 鶴橋」と称する街宣活動が繰り広げられ、女子中学生が絶叫してヘイトスピーチを行う姿がニュースにもなった。「調子に乗ってたら南京大虐殺やなくて鶴橋大虐殺を実行します！」。警察も行き交う人も、暴言を制しようとはしない。視線が交わらないよう下を向いて通り過ごす。ヘイトデモの参加者は叫ぶ。

「私は愛国者です。日本を清らかにするため非国民を掃除しているだけです！」

この現場に居合わせた在日の青年は、消え入るような声を絞り出してこう言った。

「これは魂の殺人です。どうして自分が愛する日本で、ともに生きる日本人に殺されなければならないのか。在日の生存を認めないおびただしい罵詈雑言が氾濫している。自分の生きる社会が敵になり、家を出るのも怖い」

差別や偏見への「沈黙」は、いまや暴力を許容する「政治的主張」にもなりかねない。傷つくことを恐れて無言を貫く態度が、在日への人種差別を肯定し、不寛容の空気を拡散させ、社会の歪みを増幅する。だからこそ、桂仙さんは歌で分断に立ち向かう。

「歌が国家に利用され、分断を煽る道具にされました。私は祖国統一への願いを歌に込めましたが、国と国のはざまで苦しみ、歌を諦めたこともあります。葛藤と苦しさはひと言では言い尽くせない。そのときにできた胃潰瘍はいまも癒えません。でも生きがいを、生きる喜びを与えてくれたのも歌でした。私には歌がある。歌を信じています」

桂仙さんの父母は日本の植民地統治時代、名前も言葉も歴史も奪われた。先祖伝来の財産も失い、渡日に活路を見出して大阪に辿り着き、古鉄の卸業などで生計を立てた。そして、桂仙さんが産まれた翌年に朝鮮戦争が勃発。両親は、帰るべき故郷を失った。

父は民族の心を伝えたいと、朝鮮学校に娘を通わせた。そこで桂仙さんは、朝鮮民族の歌に出会った。美しい自然の風景、繊細な哀歓の情。彼女は歌を通して父母の祖国を知り、誇りを感じることができた。「歌で統一を両親に届けたい」と一心に願った。

やがて桂仙さんはプロの歌手になり、生活のすべてを歌に捧げた。社会主義陣営で最高峰の歌の祭典に招待されるまでになった。しかし国籍の問題から、海外公演に出演する夢は奪われた。再起のきっかけをつかみかけたときも、日本政府に理不尽なかたちで出国を阻まれた。「人々をつなぐ歌が分断を深めてゆく」。桂仙さんは25歳で一度歌を手放した。

結婚して子どもを授かり、生きていくのに必死だった。夫の運転するダンプカーが採石場から転落。過労ゆえの事故で、生死の境をさまよった。桂仙さんは否応なく仕事に追われた。夫とともに焼肉店をはじめたが、それまでやったこともない接客業、明日が見えなかった。

「睡眠時間が4時間あれば多い方でした。毎日深夜まで立ちっぱなしで帰宅は午前4時。寝不足で運転していて、電柱に激突しそうになったこともあります」

歌は理想を描いたが、現実の生活とは大きな隔たりがあった。義母の介護、夫の仕事を支えることで必死だった。子どもたちと向き合う時間はなく、あまりにも疲れ切って電車に飛び込みたい、とまで思い詰めたことがある。しかし、歌を断念して20年近く経ったころ、封じ込めてきた思いがふたたび込み上げてきた。

「やっぱり、私には歌しかない。歴史の痛みに苦しむ人に歌で寄り添いたい」

1998年、48歳のとき、かつて在日コリアンであるがゆえに受験を許されなかった日本の音楽大学に入学した。イタリア語やドイツ語、語学の勉強に苦しんだ。睡眠時間は3時間にまで削った。

「人生の半ばでの学生生活、しんどかったですよ。日本の学校は10歳までだったので。でも『日本』が見えてきたんです。違った景色が広がりました」

人生の折り返し地点からの再出発。日本歌曲を日本人に届けるようにもなり、歌手としての新しい使命が芽生えた。

「歌うことで日本と朝鮮半島の結び目になろう」

ちょうどこのころ冷戦は終結し、韓国では軍事独裁が倒れ、民主化した。南北融和の機運も高まった。

だが順風は逆風に暗転する。2002年、戦後はじめて日朝首脳会談が平壌で行われ、北朝鮮は日本人の拉致問題を公式に認めたのだった。在日社会に激震が走った。もうひとつの祖国が、この国でともに暮らす無辜の日本人を誘拐し、家族から引き裂き、故郷を奪っていた。桂仙さんは、罪の意識に苛まれた。

「どれほどショックだったか……。プロとして『北』のために歌ってきました。祖国に裏切られた思いです。そして私も歌を届けた方々を裏切ったような罪悪感に苛まれました」

苦悩を深める桂仙さんの励みになったのは、日本の友人から贈られた在日コリアンのための歌だった。

日本と朝鮮半島、ふたつの祖国を持つ在日が「故郷とは何か」を切々と問いかける歌詞と旋律。桂仙さんは心無い誹謗中傷にさらされることを恐れず、この曲を歌い続けた。

59歳になった桂仙さんは病を患い、残された時間を意識するようになった。父母の故郷で歌い継がれてきた朝鮮民族の調べ、伝統的な日本歌曲、そして日本と朝鮮半島を架橋する在日の歌。失意の淵から這い上がるたびに新たな歌を身につけた桂仙さんは、生涯をかけて果たすべき役割を自覚するようになった。

「以前は、故郷を失って家族が引き裂かれた在日を励ましたいと願っていました。ですが苦しみを抱えていたのは在日だけではなかった。あの旅が私の原点になりました」

それは、韓国南部の古都・慶州にある「ナザレ園」で暮らす残留日本人妻を、歌で慰問する旅――。日本による植民地統治の結果、朝鮮人男性と結婚して太平洋戦争の終戦後も異国に取り残され、行き場を失った日本人女性が少なからずいた。ナザレ園では、20人ほどの残留日本人妻が待っていた。平均年齢は90歳近く。日本語を忘れてしまった人もいた。

彼女たちと桂仙さんの出会いについては、本書で後ほど詳しく語る。

過去は過ぎ去らない。

日本と朝鮮半島のあいだには植民地統治時代の支配と隷属をめぐる幾多の「負の過去」が克服されぬまま放置されてきた。相克の歴史を清算しないままでおくと、憎悪や怨嗟が亡霊のようによみがえる。日韓関係を揺るがす従軍慰安婦や強制徴用された労働者への個人賠償のように、いまだ解決しない歴史問題が存在する。

日本の「新しい歴史教科書をつくる会」や一部の保守政治家による談話には明確な歴史修正主義の主張が見られ、こうした歴史問題を否定しようとする。しかし、国家の歴史をいくら書き変えたとしても、国家に虐げられ、なきものとされた個人の苦衷は消えることなく漂い続けるだろう。桂仙さんは国家に見向きもされず、社会の片隅で息を潜めるように生きてきた人々に寄り添い、慰撫するために歌い続ける。

「残留日本人妻の思いを背負い、歌で故郷を描き出す」

70歳を迎える桂仙さんは新たな覚悟を抱いた。日韓のあいだで未清算のまま山積みにされた歴史問題や日本も射程に入る北朝鮮の核・ミサイル開発問題など、南北の分断は決して他人事ではありえない時代に、東アジアの平和に向けて私たちはどのような道を見出すことができるのだろうか。

たったひとりの在日コリアン二世の歌が、分断を越える世界を思い描くための道標になると願うのは、無邪気な空想かもしれない。だが、願いなくして未来は描けない。

歌で人々をつなぐためにどんなに困難な状況でも与えられた役割に向き合い、分断の苦しみに寄り添いたいと願い続けてきた在日女性の生き様を見つめた。

第*1*章　在日コリアン二世の女性として

金桂仙さんの父と母。晩年の姿

大阪の焼肉店の女将

「マスター、タン塩3人前とカルビとマッコリね、クッパも急ぎます」

「了解、自家製キムチとロースステーキは、すぐお持ちしてな」

金桂仙さんは30代はじめから、1歳年上の夫と二人三脚で焼肉店を営んできた。60歳を超えたあたりから、店に立つ日は週数回に減らしたが、エプロンをすると気合いがみなぎる。身長165㎝、中学時代のあだ名は「東京タワー」。同世代では、背が高い方だ。常連客が、ほろ酔い加減で桂仙さんたち夫婦に問いかける。

「あんたら一緒に働いてほんまに長いな。夫婦円満の秘訣はなんや?」

「何をおっしゃいます、ケンカばっかりですわ。お客さんが見えないところで主人の足、蹴ってます」

夫は在日一世、幼いころ韓国・済州島から日本に渡った。柔道の経験もあって筋骨隆々、肉をさばいて厨房を切り盛りする。元劇団員で、よく通るバリトンの声は客にも好評だ。

「ええ声やねー。聞きほれるわ。美声で奥さんゲットしたんちゃうか」

「いえいえ、逆でございます。私が家内の歌声についコロリ」

大阪市淀川区の路地裏にひっそり佇む、レトロな煉瓦造りの地下1階、地上2階建ての店だ。マスターと顔向かいのカウンター以外はすべて個室で、大きな宴会場もある。30年近く前の開店当初は12坪の店舗でカウンターのみ、客から「まるでマッチ箱」と言われた。O157や狂牛病、産地偽装にユッケ集団中毒。食の都・大阪は飲食店にとっては激戦地であり、牛肉に関する事件が起こるたび、同業者の多くは店をたたんだ。そして長い歳月の積み重ねなしに、信用も信頼も得られない。桂仙さんたちの店も浮き沈みを繰り返しながら、黒毛和牛焼肉の専門店として少しずつ規模を大きくしてきた。自慢は「わらじ焼」。牛ロースの一枚切り落としを日本ではじめて店に出した。

店の雰囲気は、女将で決まるといわれる。桂仙さんは3名の従業員、10名のアルバイトと2名のパートと一丸となって客をもてなしてきた。コンサートと同様、毎日の女将業は取り返しのつかない一度限りの真剣勝負だ。一期一会の客の心をつかめるかは、料理と女将の腕次第。そう考える桂仙さんは集中力を欠かさぬよう夕食はとらない。常連客は言う。

「わしら鮭やねん。ここ敷居は低いけど、高級店や。サラリーマンが毎週来れる訳やない。それでも居心地ええし、戻ってくるねん。この店は故郷みたいなもんや」

なじみの客、ご近所さん、かけがえのない友人、歌の師匠や大学の恩師、歌の教え子にコリア語の生徒たち。店はかけがえのない出会いの場だ。ここで知り合って結婚に至った人もいる。商談、密談、別れ話、悲喜哀歓に満ちた人生が交錯する。妻との不仲に悩む営業マン、出世競争に敗れて子会社に飛ばされる人事部長、子どもが引きこもり悩みを深める教師などの人生相談に乗ることも少なくない。桂仙さんは言う。

「豊かな時間を届ける。お客様同士がうちとけ、くつろぎ交友を深める、そのためにできることは汗をかく以外にありません。お客様は私の鏡です。いいお顔になっていただくために私自身がいつも溌剌としなければ、お店に立てません」

夕方から未明まで立ち通しで、一時たりとも休む暇はない。炭火の具合、アルバイトの挨拶、客の酔い加減、一人ひとりに気を配り、動き回る。女将の仕事に打ち込むことで社会とつながり、日々の生計を立て、家族を支えてきた。気を配るのは、客だけではない。従業員の生活も背負っている。

「マスターも女将も背中で語る仕事です。指示するだけでは誰もついてきません」

生活の苦しい大学生や韓国人留学生もスタッフとして受け入れてきた。言葉づかいの指導から、清掃、服装、さりげない注文の取り方と礼儀。御礼の挨拶は、徹底的に教え込む。

女将になって大声で挨拶を繰り返すうちに、歌手の命である声帯を痛め、声を失いかけたこともある。桂仙さんにとって、焼肉店で人をもてなすことはまさに我が身を削ることでもあった。

子どもたち、孫たちのこと

在日三世の子どもたちふたりはスープの冷めない距離に住み、両親を支えている。長女は母の体を案じている。

「母はサザエさん。おっちょこちょいで失敗も多いけど、前向きに真っ直ぐ生きてきた人だと思います。とても情が厚い人です。でも体が弱く、気絶して倒れたこともあります。あのとき、私がいなければ……気をつけてほしい。ちょっと頑張りすぎるので」

長男は父の後を継ぐと決めた。在日の女性と結婚後、独立してすき焼き店を営んでいるが、両親を助けるため頻繁にやってくる。桂仙さんは容赦なく仕事を叩きこむ。

「愛のムチも度が過ぎると凶器です（笑）。幼いころから敬語は徹底的に仕込まれました。母には頭が上がりません。いまもビシビシしばかれ、しごかれています」

午前2時過ぎに帰宅すると、桂仙さんには妻としての仕事が待っている。店のかたわらにある自宅で、夫の食事の準備や家事に追われるが、ふたりの子どもが幼かった時期を思えば何でもない。

寝る前には、来てくれた客のことを思い浮かべる。女将の仕事は人と向き合うこと。丁寧に人間関係を築かなければ付き合いは続かない。転勤、引退、引っ越しする客にはこれまでの御礼の手紙をしたため、新たなスタートを決意した高齢者には何が喜ばれるか、と心尽くしの贈り物を考える。

「娘、妻、母、嫁、学生、歌手、祖母。人にはさまざまな役割があります。与えていただいた女将の役割。体は楽ではありませんが、役割を果たすことで喜びをいただくことができます。本当にありがたいですね」

新聞を読む習慣も欠かせない。政治、経済、事件、事故、知らないこと、知ろうとしなかったこと。メディアは時代を映し出す。社会にもまれ、社会に生きる客と共有したい記事を切り抜いて持ち歩く。

朝起きるのは遅くなった。子どもたちが幼かったころは毎日5時起きだったが、いまは7時までは横になれる。最近は夫と近所の喫茶店をめぐり、アメリカンコーヒーを飲むのが楽しみだ。人生の秋口で手に入れた自分だけの時間。

「ここで暮らして30年以上、お店も私もこの街に支えてもらいました。もちろん、数えきれない苦汁も味わったけれど、いまでは私のかけがえのない故郷です」

午後にはときおり、近くに住む孫娘が遊びに来る。

在日四世の孫は日本の小学校に通う。桂仙さんは朝鮮民族の歌や文化を自分から伝えようとはしない。幼少期は日本の言葉と文化をしっかりと身につけることで、揺らぐことのない「私」を持ってほしいと願っている。

「思い出をひとつでも多く持ってほしい。存在をそのまま認め、すべて受け入れ、愛情を注ぐと子どもは自ら巣立ちます。いつでも戻れる故郷があれば、かれらは失敗を恐れず前に進めると思っています。国籍に翻弄された二世として、四世には同じ悲しみを味わってほしくない。いつか日本へ帰化するかどうか悩む日が来るかもしれません。自分にできることは何か、手探りの日々です」

歌詞に込められた思いを読む

夕方、店に立たない日は歌に時間を費やす。20代は週5日、午前と午後に2回、多いときは晩にもコンサートをこなしたが、いまは2か月に1回ほど人前で歌っている。新聞社主催のコンサート公演のたびに新しい挑戦を楽しむ。70歳を目前に出演を依頼されたのは、新聞社主催のコンサート「懐かしい昭和の調べ」だ。リクエストされたのは『長崎の鐘』(作詞 サトウハチロー/作曲 古関裕而)。

こよなく晴れた　青空を
悲しと思う　せつなさよ
うねりの波の　人の世に
はかなく生きる　野の花よ
なぐさめ　はげまし　長崎の
ああ　長崎の鐘が鳴る

曲に込められた思いを背負う覚悟がなければ、歌う資格はない、と桂仙さんは言う。原爆投下直後の長崎で、命を削りながら被爆者の救護にあたった長崎医科大学の医師・永井隆の本を読み返す。妻を失い、自身も被爆した。刻一刻と近づく死の時を見つめながら、我が子を残し先立つ苦衷、壮絶な被爆体験の実相を後世に残すという決意と、平和への痛切な祈りが綴られていた。

「生涯をかけた思いが込められた歌があります。遺言を歌わせていただく……。その重たさと責任に身が引き締まります。歌に報いるためにできるかぎり準備しなければ、本を読まなければ、作られた時代を知らなければ歌えないのです」

声は正直だ。日々努力してトレーニングしなければ刻一刻と衰える。

「嘘がつけない仕事です。この年になると声は作るもの。日々をどう生きるかがくっきりと声に表れます」

歌手として残された時間を意識しながら、発声練習を繰り返す。体力の衰えと高音に翳りを感じる一方、表現力は増している手応えがある。

「年々会場の大きさに声を合わせるのが難しくなってきます。会場の大小、天井の高さ、どこまで声を飛ばすか、瞬時に調整するための瞬発力をなくしたら終わりです」

桂仙さんは体調に不安がある。20代は過労で腎臓を患って入退院を繰り返し、30代も睡眠時間は日に3時間程度だった。体力を維持するためにストレッチが日課となってはや四半世紀、四肢を伸ばし、筋肉をほぐす。月に数回ジムに通って水泳で汗を流す。

夕飯後は本を読み、ドキュメンタリー番組を観る。関心があるテーマは紛争、難民、格差、環境汚染、核開発。

「生涯勉強という母の言葉が忘れられません。歌うことは言葉の力を信じることです」

ＳＮＳなどインターネット上で言葉が軽んじられ、凄まじいスピードで消費されるなか、時代を越えて受け継がれる確かな言葉を求める。

「言葉は国を映します。春だけで春宵、初春、惜春、早春、晩春……。日本語は繊細に自然を感じ愛でてきたんですね。色彩も本当に豊かです。藍、萌黄、若草、紅、漆黒。本当にたおやかです」

自らの歌の地平を広げるために、一言一言立ち止まり、歌詞の意味を吟味する。

ふるさとの訛なつかし　停車場の人ごみの中に　そを聴きにゆく

明治時代に作られた歌、岩手県に生まれた石川啄木の歌集『一握の砂』に収められた一首だ。貧しさに抗い、生きる意味を探した歌人は東京という異郷の地で故郷の言葉を求めた。

「歌で故郷を描きたい。そのために言葉に命を吹き込み、はばたかせること。一文字も粗末に扱うことは許されません。言葉を知ることは自由になることです」

日本社会で日常を送るなかで、桂仙さんには時間が凍るような思いをする瞬間がある。核実験やミサイル開発など、北朝鮮をめぐるニュース速報が流れると体が強張る。動悸が早まり、胸に刺すような痛みが走る。そして分断の歴史のはざまで呻吟する人々を思うと涙があふれることもあるという。

「異国に取り残された日本人、北朝鮮に渡ったまま戻れない在日朝鮮人、民主化前の韓国で弾圧された在日韓国人。平和でなければ故郷が遠ざかる。無力感に押しつぶされそうです」

日本政府は北朝鮮問題を「未曾有の国難」と訴え、メディアも「北の脅威」の高まりを報じる。桂仙さんも核開発や拉致は許せない。ただ、日本社会と共有したい思いがある。

「国家と国家は争っても市民同士はわかり合えます。北にも南にも日本にも国家のはざまで苦しむ市民がいます。声をあげることが許されない人がいます。在日も思いをそのまま伝えることが許されないのです。その苦しみをどうか心に留めていただきたいのです」

在日一世の歴史と記憶

「父は海の見える場所で眠りたいと言っていました」

韓国・釜山へ向かう定期船が行き交う大阪港をはるかに望む、箕面山。

大阪平野の北限をなす風光明媚な山の麓に、桂仙さんの両親の墓地がある。毎年、年末年始とお盆、季節の節目節目に亡き父母に会いに行く。木立に囲まれた粛然とした祈りの場に来るたび、雪をまとった峰々に囲まれた韓国の景色を思い出す。桂仙さんは墓石を撫で、手を合わせる。やり場のない悲しみと申し訳なさが湧き起こる。

「日本と朝鮮半島の分断は終わりません。北の核開発や拉致、南の慰安婦問題などの歴史認識をめぐる軋轢が続いています。そして南北も対立したままで戦争は終わっていません」

寡黙だが厳格だった父は、古鉄の卸売などの仕事で家族を養った。そんな父を一歩下がって支えた母は、昼夜なく家族のために、工場の従業員のために働き続けた。

「両親に恩返しがしたいのです。返しきれないのですが、母になり祖母になったいまでも娘として生きたころを思い出します。父は音楽が大好きでした。母は生きる意味を私に教えてくれました。分断の受難を生きた両親、故郷を失って異郷に生きた在日一世のために、歌うことで祖国の統一に少しでも近づきたい、一助になりたい、それがいまも変わらぬ私が歌う理由です」

亡国と隷属、離散と断絶、恥辱と困窮、偏見と差別……。在日一世は日本と朝鮮半島の相克の歴史を映し出す存在だ。抗いがたい時代の荒波に翻弄され、幾つもの分断を生きなければならなかった両親だが、桂仙さんには生涯、日本への憎しみを一度も話そうとしなかった。

「一世は苦難の世代です。本当に祖国に帰りたかった。生まれ育った故郷へ。でも朝鮮戦争が勃発して帰れなくなった。どれほど風に吹きさらされ、冷たい雨に叩かれようと日本に根付く以外生きる道はありませんでした。日本への恨みや怒りを私にひと言も話さなかったのは、私に日本のことを好きでいてほしいと願ったからかもしれません」

桂仙さんの父、金文寿《キムムンス》は1917年、現在の韓国・慶尚北道郡義興面で生まれた。筆者がルーツを調べると、王族の義城金氏を祖先に持つことが明らかになった。8人兄弟の長男として一家の期待を一身に担った。母、申粉仙《シンプンソン》は1918年に夫の隣村で生を受けた。母方の祖先の平山申氏も名家だ。

1910年（明治43年）、日韓併合条約により朝鮮は完全な植民地とされた。済州島と大阪など多数の航路が開設され、推計2600人が日本に渡った。朝鮮民族の人々は、連絡船をこう歌ったという。

何を恨もか　国さえ滅ぶ
家の滅ぶに　ふしぎはない
運ぶばかりで　帰しちゃくれぬ
連絡船は地獄船

植民地政策によって、朝鮮民族は「日本人」になった。桂仙さんの両親は、民族の言葉を禁じられ日本語の常用が命じられた。名前も日本名に変えられ、父は金山文寿、母は平山百合子になった。

父が生まれた翌年、日本の植民地統治は岐路を迎えた。1918年（大正7年）、凶作に見舞われた日本で米騒動が起こる。食糧不足を恐れた日本政府は、朝鮮半島を食糧庫にすべく産米増殖計画に基づく土地調査事業を推し進め、強制的に私有地を入手した。そして新たな統治者として、王族や両班などの既存の階層制度を解体した。桂仙さんの両親の一族は抗うすべもなかった。そして、困窮する人々に頼られて借金の保証人になったが、踏み倒されることもあったらしい。

1920年代には、半島から内地への朝鮮人渡航者は毎年ほぼ2万～6万人ずつ増えて30年代前半に50万人を突破。このころまでに「在日社会」が形作られた。さらに1937年（昭和12年）の日中戦争に際し、日本政府は国家総動員法を発令、朝鮮人の兵士や労働者の動員が本格化した。

1926年、日本が昭和の時代を迎えた年、貧困に追われた父は9歳で家族とともに釜山から玄界灘を渡った。波濤荒れ狂う海原を南へ向かう木造船はまるで木の葉のように弄ばれた。船の2倍の高さの波が次々に押し寄せ、砕け散る。乗り組んだ人々は、運命をともにする同胞と「明けない夜はない。いつか戻れる日が来る」と励まし合い、不安に耐えたという。

山口県の下関に辿り着いた父の一家は汽車に乗り、多くの朝鮮人が移り住んでいた大阪を目指した。当時の大阪は、紡績業が栄え、「東洋のマンチェスター」と称賛された日本一の大都市だった。

しかし、安寧を求めた商都は「軍都」でもあった。大阪城に陸軍の司令部が設置され、かたわらにアジア最大の軍需工場が作られた。父は大阪府吹田市御旅町に移り住んだ。現在の阪急電鉄京都線の上新庄駅から歩いて10分。桂仙さんはいまもときおり、訪れる。

「町工場が立ち並ぶ在日コリアンが多く暮らす街です。いまは大勢の三世、四世が住んでいます」

17歳になった父はひとつ年下の母と結婚した。20歳で家長になり、第一子に恵まれたものの8人兄弟の長男として弟や妹たちの生活を支えなければならなかった。

1941年（昭和16年）、太平洋戦争がはじまった。朝鮮民族のなかには日本に連行され、港湾荷役や線路敷設、軍事基地構築などの肉体労働を強制される者もあった。徴兵令も適用され、37万の朝鮮人がアジア各地の激戦地に派遣された。父は腸チフスを患ったため強制労働を免れたが、衰弱して生死の境をさまよった。

この戦争で約12万人の子どもが親と生き別れ、孤児になった。淀川の橋の下や大阪駅の構内に身を寄せ合い、飢餓や寒さ、暴力にさらされ、「お母さん」と泣きながら命を落とすものもあったという。桂仙さんの両親も、産まれたばかりの娘を栄養失調で失った。

1945年（昭和20年）、日本は敗戦を迎え、しかし解放された朝鮮半島は冷戦の最前線になった。日本にいたおよそ230万の朝鮮人の大半が故郷に戻ったが、祖国の混乱と貧窮から60万人近くが日本に留まったのだった。

戦後の在日社会に生まれて

「民族の心、言葉を教えるウリハッキョ、私たちの学校が欲しい」。終戦直後の日本で生きる朝鮮人にとって、民族教育こそが切実な願いだった。日本の植民地統治によって言葉、歴史、文化を奪われ、名前まで日本式に変えられた。「朝鮮民族としてのアイデンティティ」を取り戻すため、絶対に欠かすことができないもの、それが学校だった。

在日朝鮮人は一致団結し、「金ある人は金を、力ある人は力を、知識ある人は知識を」を合言葉に「国語講習所」を設けた。桂仙さんの父も、民族学校を熱望した。

「我が子が祖国を知ることで自分に誇りを持ってほしい、そのために大事なのが言葉。故郷に戻るときにひと言でも話してほしい。国の歩みを学び、風習や文化を知ってほしい」

国語講習所は日本各地に広がった。生徒数は5万人近く、学校も600近くまで増えた。だが、1948年、GHQ（連合国軍最高司令官総司令部）の命を受けた日本政府は「朝鮮人学校閉鎖令」を発令、背景には冷戦の激化があった。アメリカは日本を共産主義への防波堤と位置付け、北を支持する在日朝鮮人は不都合な存在とされた。

この年の春、民族学校閉鎖に反発した在日朝鮮人と日本共産党員らが大阪や神戸の行政施設に乱入する、阪神教育闘争が起きた。日本国憲法下で唯一の非常事態宣言が布告され、警官隊と2万人規模のデモ隊が大阪城の大手前公園で対峙した。当時16歳の在日朝鮮人、金太一が警官の発砲で落命する事件も起きた。翌1949年、日本政府は「朝鮮学校には日本の教育法令を遵守させ公的援助の必要はない」との閣議決定を行う。

そして同年の夏、祖国の分断は決定的になった。8月15日、米軍統治下の朝鮮で韓国が独立。亡命先のアメリカから帰国した李承晩が初代大統領になった。9月9日、ソ連を後ろ盾とする金日成首相の主導で北朝鮮が独立を宣言。南北の分断は在日社会にも及び、北を支持する「総連」と、南を支持する「民団」に分かれ対立した。

1949年5月9日に桂仙さんは大阪で生を受けた。4番目の子どもで両親が待ち望んだはじめての女の子、当時、法律的には日本人だった。

名前は父が決めた。後に「桂仙」になるが、最初は「桂成」だったという。「土深く根を張る」という意味を持つ。桂仙さんは由来を説明されたことはないが、父と同じ年代になったいま、名前に託した親の思いを推し量る。

「父はどうしても朝鮮半島に戻りたかった。でも長男として家族を養わなければならない。日本で生きることを決意し、私のことも日本に根を張ってどれだけ逆風にさらされても、大木のようにたくましく生き抜いてほしいと思ったのでしょう」

だが、桂仙さんは生まれた瞬間から分断の歴史の「宿痾」を背負わされた。

1947年5月2日、国民主権、基本的人権の尊重、平和主義を基調とした日本国憲法施行の前日、日本政府は主に在日朝鮮人の監視強化を目的に外国人登録令を制定、在日は日本国籍を有するものの「外国人と見做す」と規定された。１９５２年に日本は主権を回復し、国際社会に復帰した。その陰で日本政府は、外国人取り締まり強化を目的とした外国人登録法を施行する。桂仙さんは日本国籍をはく奪され、法制度的に完全に外国人となった。韓国籍になった桂仙さんだが、後にこの「国籍」に未来を奪われることになる。

そして桂仙さんが1歳を迎えた１９５０年6月25日、朝鮮戦争が勃発した。

祖国は戦場になった。同じ民族同士が憎みあい、殺し合った。北朝鮮の猛攻を前にアメリカは沖縄の米軍基地から少なくとも72万回以上爆撃を行い、先の太平洋戦争で日本に投下した3倍以上の爆弾を使用した。アメリカが核兵器使用も検討したほど激しい攻防が続き、朝鮮半島は焦土と化した。亡くなった犠牲者の数は南北で４００万とも５００万とも言われ、休戦時の前線である北緯38度線が1千万人近い家族を南北に引き裂いた。

朝鮮戦争で、父の親族も離散した。帰るべき故郷を喪失した父母をさらに身もだえするほどの苦しみが待っていた。それは日本という国の戦争への加担だった。日本各地がアメリカ軍の出撃拠点となり、祖国を破壊する戦争を後方から支援した。

多くの在日コリアンが生きる関西・大阪では、淀川沿いの枚方や市内に日本最大規模の武器弾薬製造拠点が作られた。米軍に接収された神戸港では、次々と寄港する空母や艦船に燃料や食料を補給し、弾薬を補充した。六甲山山頂は米軍レーダー基地となり、核兵器が持ち込まれた沖縄と韓国の米軍基地を結ぶ巨大なパラボラアンテナが設置された。伊丹空港からは、重爆撃機が次々と朝鮮半島に向かい、ナパーム弾の雨を降らせた。

こうした朝鮮戦争への日本の実質的な参加に在日や学生、労働者から激しく反発する声があがった。１９５２年6月24日、桂仙さんの両親の暮らす吹田市で戦後の三大騒擾事件のひとつである吹田事件が起きた。朝鮮戦争に使用される武器弾薬や軍需物資の輸送を阻止しようと、国鉄の吹田操車場で９００人近い在日や日本人労働者が反戦デモを行い、警官隊と衝突した。

朝鮮戦争は日本の戦後復興の足がかりとなった。米軍は戦争遂行に欠かせない車両や船舶、大量の軍需物資を日本の企業に発注した。倒産寸前だったメーカーは増産に次ぐ増産に沸いた。先の大戦に傷ついた街には次々にビルが建ち、港は整備され、高速道路や鉄道など物流網が整備された。人々の生活水準はみるみる向上し、娯楽文化も栄えた。

１９５３年、朝鮮戦争は一応の休戦を迎えたが、その後も臨戦態勢は終わらない。

一方、日本はこの朝鮮特需で飛躍的な復興をなし遂げ、１９５６年、経済白書で「もはや戦後ではない」と高らかに宣言した。

祖国の犠牲の上に成り立つ特需は、在日を狂わんばかりの葛藤に追いこんだ。

父の仕事と望郷の想い

父は自分の名前から「寿商店」という古鉄卸業を興し、当時は鉄や金属を引き取りたいという注文が次々と舞い込んだ。間接的であっても、祖国を破壊する戦争に加担することが許されるのか。桂仙さんは、父の苦悩を思うといまも胸の痛みに押しつぶされそうになる。

「父は寡黙でした。普段は一滴のお酒も飲まない人がたまに口にすると2日も3日も黙って飲み続けていました。子どもは声をかけることができませんでした。家族には何も言いませんが、いまにして思えば、癒えることのない傷、抱えきれない苦悩から逃れようとしていたのかもしれません」

しかし、戦後の日本社会で日本人の取引先と深く関わらずして在日が生き抜くことはできなかった。桂仙さんが物心つくころには父の商売は軌道に乗り、２００坪の工場も建てた。途切れることなく来客があり、父は昼夜なく相談にのった。家のなかでは朝鮮の言葉を話し、桂仙さんが生まれるまで民族衣装を身に着けていた。先祖代々の風習を受け継ぎ、盆や正月、花見の宴を設けた。在日一世たちは、集まるとよく『アリラン』を歌った。朝鮮民族の魂と呼ばれる民謡だ。

アリラン　アリラン　アラリヨ
アリラン峠を越えて行く

『アリラン』は故郷を去り、異郷で暮らす朝鮮民族の心をつないだ。桂仙さんも幼いころ自然に覚え、いまでは舞台で歌う代表曲のひとつとなった。三世世代のあいだでも、この歌は日々の暮らしに当たり前のように溶け込んでいる。

アリランは伝説上の峠の名前だ。京畿道アリラン、珍島アリラン、密陽アリラン。朝鮮半島の各地域にそれぞれ異なった歌詞と旋律がある。

哀調を帯びた節回し、軽快な躍動感、悠久の大河の流れを思わせるたおやかな調べ。表現もさまざまだ。失恋や望郷、苦悩や抵抗、歌詞も多様でアリランのバリエーションは8千種も存在するといわれる。「峠を越えて行く」というフレーズだけが唯一の共通点だ。

朝鮮民族一人ひとりのかけがえのない心の故郷を歌う『アリラン』は国歌よりも親しまれているが、起源は諸説乱れ定まらない。豊臣秀吉の朝鮮出兵で焼かれた景福宮を再建するため人足として集められた労働者が、家族や故郷との離別を悲嘆してできたとする説もある。耳が聞こえず、口もきけない方がまだまし、と嘆く「唖魯聾《アロロン》」が転じたとの言い伝えもある。

19世紀後半、日本が朝鮮半島への影響を強めた時期から頻繁に歌われるようになったが、植民地統治がはじまると民衆を結集させ、国家への反逆の機運を高める曲として禁じられた。

この歌が有名になったきっかけは、1926年に作られた映画『アリラン』だった。制作したのは羅雲奎《ナウンギュ》、日本統治時代の朝鮮映画を代表する監督だ。主人公は日本の圧政に声をあげ、1919年の3・1独立運動に参加。日本の警察に逮捕され、拷問の末に心を病んだ。故郷に帰り、妹を強姦しようとした「親日派」を殺害、ふたたび警察に連行されて峠を越えるとき、民謡『アリラン』が流れる。

この映画によって『アリラン』の歌は故郷を奪われ、祖国をなくし、隷属と抑圧を生きる民族の魂の叫びとなった。熱狂的に支持され、ひそかに広がった。幾度も取り締まられ、禁じられても替え歌が作られた。

徴用や徴兵、経済的困窮から朝鮮民族が向かった先は、日本だけではない。日本が統治した樺太、いまのロシア領サハリン、旧満州の中国東北部、台湾、南洋庁が設置された南太平洋のパラオをはじめとする周辺の島国、そしてインドシナ半島。アジア各地に移住した朝鮮民族が、虐げられて貧しさにあえぐ日々を励ましたのも『アリラン』だった。その一方で北朝鮮では近年、政治的優位を称揚する歌詞が加えられ、韓国の人々を落胆させているという。

当時、在日社会では、朝鮮半島で作られた映画の上映会が盛んに行われていた。

桂仙さんの父も工場を会場として提供し、白布でスクリーンをこしらえた。桂仙さんのお気に入りは『春香伝』。18世紀末に成立した朝鮮説話で、代官の息子と妓生の美しい娘・春香が幾多の苦難を乗り越えて結ばれる恋物語で、権力に立ち向かう庶民の痛烈な風刺や諧謔が散りばめられている。日本では見たこともない悲しみや喜びの表現が展開する映画に、桂仙さんは心を奪われた。

「生まれてはじめて見る色鮮やかなチマチョゴリや、リズムのある会話の場面に心が躍りました。ゆったりと揺れる柳の枝、うれしげにブランコをこぐ主人公の姿はいまもくっきりと思い描くことができます」

社交的で多くの友人に恵まれた父は、しかし身内には厳しかった。特に子どもたちの言葉づかいや礼儀作法のしつけは厳格をきわめた。儒教の伝統を守り、上下関係を徹底的に教え込んだ。目上の人には敬語以外許さず、家のなかで子どもや家族が歌うこと、大きな声を出すことを禁じた。食事中も私語は厳禁。父が一口食べるまで、箸を持つことはできなかった。

桂仙さんの門限は夕方の5時。外出前に行き先をつげなければ、出してもらえなかった。門限を破ったときは、くっきり痕が残るほど太ももを鞭打たれた。身だしなみには心が宿ると、着衣のわずかな乱れも許さなかった。そんな厳しい父は音楽をこよなく愛した。父の生地、現在の韓国慶州道で広く親しまれていた「ユッチャベギ」という朝鮮民謡をときおり口ずさんでいた。

私の情は青山で
世の無情は緑水
緑水は流れるが
青山は変わらない
緑水が
青山を忘れられず
ひゅうひゅうと
漂い行くのか

桂仙さんはいまも父の歌声を鮮明に思い出す。

「父は生涯、私には故郷へ戻りたいと話したことはありません。流れゆくもの、留まり続けるもの、忘れ去られるもの、忘れられないもの……。ユッチャベギから失った祖国の美しい自然を想像し、寄る辺を失った悲しみと叶わない帰郷の思いを歌で紛らわせていたのかもしれません」

母のこと

「母はいつも待っていてくれました。どんなときでもおかえりと迎え、いっておいでと送り出してくれました。無口で控えめな母は、私の心の故郷でした。この故郷があるからこそ、私は失敗を恐れず、外に踏み出せるようになりました」

母は6歳で海を渡り、16歳で8人兄弟の長男に嫁いできた。夫を支え、子どもを育て、来客に尽くすことに人生を捧げた。桂仙さんは、母が座っている姿を見たことがない。身長は150センチと家族のなかでは小柄だが、いつも動いていた。朝はかまどでの炊事に追われ、食事の支度を終えると掃除に洗濯、家のなかにわずかなほこりが見られるのは母が過労で寝込んだときだけだった。

家庭に「国境」はなかった。ときおり父が日本人の友人を連れてきた。食事に酒肴の準備、母に休日はなかった。週末や祝日、年末年始やお盆には父を慕って総連と民団、分け隔てなく在日コリアンが集まった。だが、どれだけ忙しくても、子どもたちが帰る時間にはいつも家にいた。料理はすべて手作りだった。春夏秋冬、白菜やキャベツのキムチを作って甕に詰め、穴を掘って埋めた。朝鮮民族の食文化はバラエティに富む。朝からおかずは7、8皿が並び、夕食は肉とスープ、何種類ものキムチとナムルで15皿以上が普通で、宴会ともなると30皿を超えた。

母は桂仙さんがどれほど努力してもいつも、たったひと言「ケソン、がんばりや」と声をかけるだけだった。

学校で良い成績をとっても関係なかった。桂仙さんをただ、そのまま受け入れた。そんな母は音楽に関心を示さなかった。歌を口ずさむこともなかった。

母は、小学校を終えることができなかった。日本語は話せたが、文字は生涯、自由に使いこなせなかった。電話帳の名簿にハングルの読み仮名を書き留めていた姿を、桂仙さんは覚えている。終生一度も悔しさを口にしなかったことを思うと、桂仙さんは胸がえぐられるような悲しみを覚える。

「母はひと言もいいませんでしたが、辛い思いをしたことは数えきれなかったと思います。言葉は人間にとって最も大切なものです。自分とは何かを知るためには、ともに生きる人々のことや、祖先の歩みを知らなければなりません。そのために言葉が要る。言葉で人は考え、感動を伝える。言葉で歌も作られる。言葉が奪われると、人生の可能性も奪われるのではないでしょうか」

日本の小学校へ

幼い桂仙さんは何の不自由も感じることなく生活していた。父の仕事は成功し、洋服も毎年、新しいものを買い与えられた。はじめて音楽を意識したのは4歳のころだった。月夜の晩、祖母がどんぶりに水を汲み、夜空を仰ぎ、歌うように祈った姿はいまもはっきりと覚えている。6歳になると家族総出で花見に出かけるようになり、桜の下で父は歌いながらチャンゴ（長鼓）を叩いた。

小学校入学を前にしたとき、両親は近隣にできた朝鮮学校への入学を検討したが、校舎は荒れ果てた寺。日本の子どもたちが「チョーセンガッコウ　ぼろ学校」と揶揄して歌っていた。

1955年、桂仙さんは吹田市立第一小学校に入った。通名は「金山桂子」を名乗った。在日コリアンであるがゆえ、当時父は桂仙さんの入学のために日本人の身元保証人を立てなければならなかった。温かい学校だったが、ひとりだけ、兵士のような鋭い目で桂仙さんをにらむ教師がいた。あからさまに朝鮮人を蔑視していた。しかし桂仙さんは「在日であること」を意識したことはなく、にらまれる理由がわからなかった。

はじめての日本社会との出会い、民族の違いより衝撃を受けたのは経済格差だった。外地からの引揚げ者の子どもたちは川の橋下の小屋から通っていた。小屋には水道も電気もなく、洗濯もままならない。かれらの服はいつも薄汚れていた。風呂も満足に入れずに淀川の水で体をこすっていたため、夏は異臭を放った。

弁当を持たず、水道の水をがぶ飲みして空腹を紛らわす子もいた。だが貧富の差は子どもたちには関係ない。すぐに打ち解け、学校から自宅までの半時間、ともに登下校をした。道草しない日はなく、商店街を探検し、河原でお花摘みを楽しみ、一緒に歌った。河原で見る夕陽が、桂仙さんの何よりの楽しみだった。

小学4年生のとき、桂仙さんは歌の楽しさを知った。担任の松岡先生が放課後にオルガンを弾き、クラス全員で歌った。はじめて聞く優しい旋律が心に響いた。なかでも心地よかったのが、桂仙さんの生まれた季節を歌った『わかば』（作詞 松永やすお／作曲 平岡均之）という曲だった。

あざやかなみどりよ
あかるいみどりよ
鳥居をつつみ
わら屋をかくし
かおる　かおる
若葉がかおる

さわやかなみどりよ

ゆたかなみどりよ
田畑をうずめ
野山をおおい
そよぐ　そよぐ
若葉がそよぐ

童謡は時代を映し出す。この曲が生まれたのは太平洋戦争真っ只中の1942年（昭和17年）、国民学校初等科の音楽教科書に掲載された。自然の息吹と生命力の豊かさは、死の気配が漂う暗い日々のなか、人々の希望となった。

「この曲をみんなで歌ったことはつい昨日のように思えます。学校の帰り道でもよく歌いました。私はこの歌の詩が好きです。五月の新緑の香りをいつも感じます」

だが、ある日突然、「在日」を意識する日がやってきた。クラス一の秀才で仲良しだった同級生と家に向かっていたとき、急にその子が「やい、チョーセンジン」と大声で叫び、桂仙さんに小石を投げて走り去っていったのだ。悪びれた様子も、蔑むようでもなく、感情を失ったような冷ややかな顔つきだった。

桂仙さんは何が起こったのか理解できなかった。同級生は桂仙さんの自宅のすぐそばに住んでいた。在日が多い地域で暮らす日本人家族も大勢いたのだ。

「その同級生は本心で差別的な振る舞いをしたわけじゃない。家で大人の態度を見て意味もわからずやったのでしょう。でもただ驚きました。私ってチョーセンジンなの、日本人とちがうの？生まれてはじめて、私は何人なのかと思った瞬間でした」

肌で知った日本社会と在日コリアンの分断。社会的に優越的な地位にある「われわれ」、虐げてもよい劣った「かれら」。子ども同士の関係にも、日本社会の在日への差別感情が反映していた。裕福な暮らしをしていた桂仙さんはこの出来事の後、差別的な言葉を直接浴びせられた記憶はない。

だが当時、多くの在日の子どもたちが、真綿で首を絞められるような息苦しさを感じていたはずだ。周囲の態度やしぐさに潜む「否定」に胸を痛め、自分ではどうしようもない生い立ちゆえに「私は何人なのか」がわからなくなったことだろう。桂仙さんたちもまた、無垢な子どもでいることを許されなかった。

第2章　日本と朝鮮半島の歴史のはざまで

大阪歌舞団入団後、東京研修時。後列右から3人目が金桂仙さん

北大阪朝鮮学校への転校

「朝鮮学校に転校しなさい」

小学5年生のある日、父が桂仙さんに命じた。日本人の同級生に別れを言う間もなかった。民団を支持する親類からは猛烈に反対された。

1960年春、桂仙さんはできたばかりの北大阪朝鮮学校の5年生に編入した。大阪市東淀川区の阪急京都線の上新庄駅から800m、桂仙さんの家から徒歩で20分もかからない。国道を歩いて公園を過ぎ、小川にかかる橋を渡り、川沿いの小道を歩くと畑が広がる。そのなかに、真新しい木造2階建ての校舎があった。

桂仙さんは、突然の転校で胸が不安で一杯になった。校門から学校に足を踏み入れた瞬間、にぎやかなコリア語が飛び交っていた。廊下や教室、黒板や本棚にはハングル文字があふれていた。教室に入った瞬間の記憶は、いまも鮮明によみがえる。

「自由で軽やか。日本の学校では経験したことのない空気が流れていました。この気持ちはなんだろう……思わず、そうつぶやきましたね」

名前も通名から本名になった。在日一世の悲願だったウリハッキョ（民族学校）、朝鮮民族の歩みを二世以降の世代に受け継ぎたいとの強い思いが伝わってきた。

「日本の学校では目に見える差別はなかったのですが、やはり、どこか遠慮している部分があったと思う。でも、この学校に来ましたら、自分が……ああ、私は活発な女の子なんだということを自覚しました。それくらいみんなが同じ民族だったことにほっとしました。両親の言葉を自由に話し、それが許され、ほめられる。解き放たれるようでした」

教師も48人の同級生も全員在日コリアン、桂仙さんは皆とあっという間に打ち解けていった。放課後には、母のおやつを目当てに友達が続々と家にやってきた。そこで桂仙さんは、在日の子どもたちの苛酷な生活環境を知った。

「驚きましたね。私はとても恵まれていたことにはじめて気づかされました。みんな学校では活発でも、家に帰るといろんなことを我慢していましたね……」

大半が、分断の歴史や貧困がもたらす苦しみにあえいでいた。6畳1間で家族5人が暮らす子、1日1食だけの子、学校を休んでリヤカーで屑鉄を集める子、父が日雇い労働者で転校を繰り返す子……。朝鮮半島から命がけで密航し、日本語をひと言も話せない子もいた。明日をも知れない暮らしに心が荒んだ子もいた。

暴力に自分の価値を見出そうとする在日の少年らも少なくなかった。日本の小学生とのケンカは日常茶飯事、学校のなかでも殴り合いや取っ組み合いが頻繁に起きた。桂仙さんは日本の小学校では感情を表に出さなかったが、朝鮮学校ではトイレでシンナーを吸う同級生にバケツで頭から冷水をかけ、叱り飛ばしたこともあったそうだ。

「知らず知らずのうちに抑えていた本来の私が現れてきたんです。自分はそのままでいいと思えたんでしょうね」

教室には北朝鮮建国の父、金日成の肖像が掲げられていた。

「我が祖国を愛し、歴史を愛し……」

児童は毎朝、肖像の前に立ち『愛国心』という名の金日成語録を唱和した。だが、見たことも行ったこともない国を愛するとはどういうことなのか、理解できない児童が大半だった。大声を出してふざけていると、教師は涙を流し、肖像に深々と頭を下げて謝罪をするのだった。かれらは皆若く、優しかった。「過去を知ってこそ、いまを生きられるようになり、未来を展望できる」と民族の歩みを懸命に伝えた。桂仙さんは日本人の教師との違いに驚いた。

「先生はいつも腰をかがめ、私と同じ目の高さで話してくれました」

だが、教師の情熱は絶望の裏返しだったのかもしれない。かれらは戦中の日本で育ち、「劣等民族、第三国民」「キタナイ、クサイ」と蔑まれ、戦後も差別に傷ついてきた。折れそうになる心を支えたのは「自分には祖国がある」という思いだけだった。日本社会に巣くう偏見に抗い、自らの価値を証明するため勉学に打ち込み、体も鍛え、スポーツ大会で活躍した。

だが戦後の日本でその努力が報われることはなかった。名門大学に合格しても日本人が辛く汚いと蔑む仕事しか就職の選択肢はなく、絶望の果てに自ら死を選ぶ若者や、自暴自棄になり裏社会に転落してゆく青年もいた。民族学校の教師は、桂仙さんたちに在日の未来を託したのだった。

学校のなかには、両親の祖国があった。だがその外では、在日への差別が渦巻いていた。教師は子どもたちが傷つかないように心を砕き、通学路に立って生徒を見守っていた。当時を知る校長が思いを語った。

「言えばもう、きりがないほどあるんですけど……ただ朝鮮だと名乗るだけでむき出しの嫌悪感を浴びせられる。とにかく色んなことがありました。張り紙、落書きとか排泄物とか。一度血だらけの動物の死体も門の前に置かれました。嫌がらせというより脅迫です。何度掃除しても、繰り返し汚されました。『朝鮮学校は日本から出ていけ』と叫ぶ匿名の脅迫電話はいまも終わりません」

この学校で、桂仙さんははじめて民族の苦難の歴史を知った。日本の植民地統治で、父母が言葉と文字、歴史と文化を奪われたこと。一族が没落し、日本に移り住んだ理由。在日一世が民族の魂を伝えたいと立ち上げた朝鮮学校への思い。南北分断の経緯も、北朝鮮と韓国の成り立ちも教わった。

いくつもの「なぜ」が浮かんだ。同じ民族が争い合い、自国の優位を声高に叫ぶ。なぜ引き裂かれなければならなかったのか、なぜ統一できないのか、なぜ在日は故郷を失ったのか。答えの出ない問いが次々と桂仙さんの心に去来した。

「父母の歩みを知ることとは、日本の植民地統治の歴史に触れることでした。辛かったですね……、とっても。在日二世の私は日本に生まれ育って日本で生きている。日本の友達もいるし、日本の言葉も文化も当然わかる。片足は日本に、片足は父母の祖国に置いていています。自分が揺らぎ、歪

む ような感じでした」

朝鮮民族の歌との出会い

揺れる桂仙さんの心の支えになったのは、父たち在日一世を励ましてきた民族の歌だった。音楽の教師は、かつて在日コリアンの芸術団体で活躍した素晴らしいテノール歌手だった。桂仙さんは先生のピアノ伴奏で朝鮮半島に伝わる曲を教わった。歌うたびに朝鮮民族の祖先の声が迫ってきて、見知らぬ両親の故郷が目の前に浮かび上がるようだった。北朝鮮で知らぬ人はいないと言われる『山にリンゴの木を植えた』もよく歌った。

たわわなりんごの木を植えた
村中に花が咲いた
春は純白の花が雲のよう
秋は真っ赤な実が実る
春は純白の花が雲のよう
秋は真っ赤な実が実る

たわわなりんごの木を植えた
村中に微笑みの花が咲く
娘たちは朝も昼も花見て微笑み
夕べも花の中で歌を歌う
娘たちは朝も昼も花見て微笑み
夕べも花の中で歌を歌う

歌よ　空高く鳴り響け
楽園はここだと言ってくれ
りんごが真っ赤に実るとき
乙女の心も燃えている
りんごが真っ赤に実るとき
乙女の心も燃えている

桂仙さんは、ある日「楽器でもやってみないか」と教師から声をかけられた。こうして縦笛と民族楽器チャング（長鼓）を習った。楽器を演奏すればするほど、楽しくなった。

だが、朝鮮民族の歌は政治と無縁ではいられない。音楽の授業ではじめて習ったのは『金日成将軍の歌』（作詞 李燦／作曲 金元均）。北朝鮮の建国の日、主席生誕の日など、節目の日を迎えるたびに繰り返し歌った。

長白の山なみ　血に染めて
鴨緑の流れを　血に染めて
自由朝鮮　築くため
戦いきたりし　そのあとよ
ああ　その名も高き　金日成将軍
ああ　その名もゆかし　金日成将軍

広野の吹雪よ　語れかし
密林の長き夜　告げよかし
不滅のパルチザン　そは誰ぞ
絶世の英雄　そは誰ぞ
ああ　その名も高き　金日成将軍
ああ　その名もゆかし　金日成将軍

労働者　大衆の解放の恩人
民主朝鮮の　太陽よ
二十政綱　みなつどい
津々浦々に　春をよぶ
ああ　その名も高き　金日成将軍
ああ　その名もゆかし　金日成将軍

金日成は日本の植民地統治に抵抗し、1931年ごろから中国東北地方を拠点に抗日ゲリラ闘争を指導した。日本の敗戦と植民地解放後、朝鮮民主主義人民共和国の初代最高指導者になり、新祖国建設を率いた。金日成は建国まもない北朝鮮への国民の帰属意識を高めるため、国旗や歌を教化の手段としたと言われる。

朝鮮学校でも、北の要請は「すべて統一のため」として熱烈に受け入れられた。解放の英雄を崇めるため、『金日成将軍の歌』を繰り返し歌わせた。今日までに至る金一族の独裁など知る由もなかった桂仙さんに違和感はなかった。むしろ統一を目指し、在日の人々が一体になれる力強い歌だと思った。

当時、北朝鮮は韓国よりも政治経済的に安定し、生活水準も南を上回った。日本のメディアでも反共を国是とした軍事独裁の韓国より、平等な国造りを掲げた北朝鮮に共感する空気が優勢だった。金日成は文化政策に力を入れ、韓国で冷遇された芸術家が次々に北に向かった。北朝鮮の国歌『愛国歌』も南からきた作曲家・金元均《キムウォンギュン》によって作られた。作詞も『イムジン河』の朴世永が手がけ、北唯一の国営放送局・朝鮮中央テレビの放送は毎朝この曲ではじまる。

朝は輝け　この山河
金銀も資源も　満ちあふれ
三千里　うるわしき　我が祖国
半万年の　古き歴史に
燦爛たる文化もて　育まれた
秀でた人民の　この栄光
身も心も捧げ　この朝鮮
永遠に守らん

白頭の気性　あまさず抱き
勤労の精神は　宿り
真理のもと結ぶ　揺るがぬ意志
全世界に先駆け進まん

湧き出ずる力は　怒濤も退け
人民の意志もて　建つる国
限りなく富強な　この朝鮮
とわに輝かさん

初級部6年生のとき、運動会当日に、教師から縦笛を吹いてほしいと告げられた。在日にとって朝鮮学校は絆を確かめ合うかけがえのない場だ。数多ある学校行事のたびに保護者も集まったが、最も盛り上がるのが運動会だった。児童の家族親族のみならず、卒業生やその親類一同も大挙する。学校のそばに住む在日の人々もやってくる。キムチやナムル、お酒を持ち寄り、あちらこちらで宴がはじまり、盛り上がる。

桂仙さんは人前でひとりで演奏した経験はなかった。緊張しながらも『金日成将軍の歌』をマイクの前で吹奏し、その旋律に合わせて全校生が行進した。皆が楽しんでいるのを見て、桂仙さんは「音楽には人をつなぐ力がある」という思いを抱くようになっていった。

朝鮮学校では、4年生になると中級部3年生まで全員「少年団」に参加する。ソ連や東ドイツの「ピオニール」（少年団）が有名だが、社会主義国の学校では統一行動を学ぶために同じ服装を身にまとい、一糸乱れぬパレードや歌や踊りに団体で取り組む。そこで歌われたのが『少年団行進曲』、1946年に作られ、いまも北で歌い継がれている。

明けゆく祖国　黎明の曙光
真っ赤なマフラー　はためかせ
我らは共和国の小さな英雄
共産主義を支え学び行く
友よ　少年団よ　高らかに旗を掲げよ
主導者様の後に続き　力強く前に進もう

白頭山から昇る燦燦と輝く太陽を目指し
一歩一歩歩むごと　心高ぶり熱く燃える
我らは　金日成大元帥の子ども
輝く革命の伝統　受け継ぎゆく
友よ　少年団よ　高らかに旗を掲げよ
主導者様の後に続き　力強く前に進もう

我らは仰ぐ　主導者の尊い志
祖国統一目指し　戦い抜く
友よ　少年団よ　高らかに旗を掲げよ

主導者様の後に続き　力強く前に進もう

催しものがあるたび、放課後の運動場でこの曲を歌いながら行進した。勇ましい歌詞だが、曲調は軽やかで子どもたちにも親しみやすい。歌の目的は祖国の統一。桂仙さんは15歳のころ、大阪から京都を経て東京まで歩く「祖国統一行進団」に参加した。

赤いマフラーを巻いて未明に大阪を発ち、ブラスバンドの一員として「祖国統一」を願い京都を目指した。祖国のための行動に参加できることに、桂仙さんは誇らしさを覚えた。吹田市、茨木市、高槻市。およそ50キロの淀川沿いの道を一列になって一歩一歩、威勢よく行進する。

大人でも歩き通せないほどの距離だったが、歩を進めるたびに祖国統一に近づいていると思えて疲れを感じなかった。そんな子どもたちをそっと見守る視線があった。淀川沿いで暮らす在日の住民が疲れ果てて座り込む桂仙さんたちに駆け寄った。おにぎりや温かいお茶を差し入れ、労ってくれたという。

「がんばりや、あんたらの姿見たら元気になったわ」

「大きな声で統一って言ってくれるんやね。ありがとう、ありがとう」

年老いた在日一世は祖国を思い、統一を祈り、泣きながら手を振って送り出してくれた。桂仙さんたちは一心に『金日成将軍の歌』を奏でたのだった。

北朝鮮への帰国事業のこと

「統一」という悲願を共有することで、同級生の結束は強まった。桂仙さんには多くの親友ができた。だが、辛い別れも待っていた。

1959年12月、北朝鮮への帰国事業がはじまった。同じ民族が暮らす差別も偏見もない祖国、明るい未来を描ける「地上の楽園」に帰ろうと約9万3千人の在日コリアンと日本人配偶者らが新潟港から北に向かった。

できたばかりの親友、クラスで一番成績が良かった友達、父母を病気で失って学校にも通えなくなった同級生も北朝鮮に帰っていった。幼なじみや家族ぐるみで付き合ってきたご近所さんも、「故郷に帰ります。本当に幸せです。いつか日本と北朝鮮の関係も良くなります。必ず会いましょう」と約束し、去っていった。帰国者は皆、希望に胸を膨らませていた。

別れのたび、朝鮮学校の同級生は大阪駅に集まった。泣きながら赤いマフラーを振り、再会を誓って抱き合い、『金日成将軍の歌』をうたって見送った。

帰国事業は悲劇も生んだ。大半の在日は経済的に行き詰まっていた。家族全員では帰国できず、子どもや母親が先に北朝鮮に向かい、父親がひとり仕送りのため日本に留まった例は少なくない。脱北して日本に戻ってきたある在日コリアンが、筆者に父親からの手紙を見せてくれた。

「必ず行くので待ってほしい。日本で稼いでから後を追う。先に行って不安のない日々を過ごしてほしい。何の不安もなく学校に通い、望む仕事に就いてほしい」

だが胸を高鳴らせて祖国の地に降り立ったとき、目に飛び込んできたのは人々の荒んだ表情だった。90年代、数多く出版された脱北者の手記でも、一様に北の暮らしの困窮ぶりを伝えている。

帰国事業は84年7月で終了したが、離散した家族の悲劇は終わらない。桂仙さんの葛藤も終わらない。

「脱北者のニュースを見ると、知人ではないかと胸が張り裂けます。北による拉致や主導者の世襲に当然、感じることはあります。ですが私たち在日は何も言えません。北も南も父母の祖国です。思いをそのまま口にすることは許されないのです。在日は北朝鮮について自由に、思うがま

小学5年生の金桂仙さん（左側）、北朝鮮に帰国した友と

まに話せません。北に帰国した親友や多くの知り合いはどうなるのでしょう。

どれだけ親友を帰してくれと言いたいか、でも言えないのです。統一を願う在日が南北対立を深めるミサイルや核実験を喜ぶわけがない。南に思いを伝えることも難しい。私たち在日の政治的な発言が朝鮮半島で生きる知り合いに及ぼす影響を考えると、声をあげられません。この気持ち、この息苦しさを日本社会は察してほしいのです」

90年代、人づてに高校の同級生が脱北したことを知らされた。桂仙さんは、いまも北に帰った叔母に仕送りを続けている。

「もう25年になります。私との手紙のやりとりだけが彼女の最後の日本との縁です。帰国者にとって日本も故郷です。帰りたいんだと思います。いつか北と日本の関係が良くなり、親友や叔母が自由に行き来できる日が来ることを祈っています」

朝鮮学校で統一について考える

在日コリアンゆえの悲しみを肌で知った桂仙さんは、朝鮮学校で北朝鮮の成り立ちや抗日戦争の歴史を習ったが、教育内容は決して金日成への礼賛一色ではなかった。歌も祖国の称揚だけでなく、伝統的な民謡や唱歌も教わった。60年代、北朝鮮では文化が花開き、いまも名曲として歌い継がれるオペラなどが続々と作られた。若い教師は、まっすぐに理想の祖国を夢見ていた。

韓国を否定するだけでは、統一は実現できない。なぜ分断に至ったか、どうして同じ民族同士で対立しなければならないのかを桂仙さんたちに自由に議論させ、あるべき国家像を熱く語りかけた。

「決して押し付けではありませんでした。韓国、日本を否定し、憎しみを共有するだけでは分断を克服するための議論ができません。表現の自由、思想の自由はありました。統一に向けてどうすればいいのか、同級生も私も普段は本当にいい加減でしたが、統一のことだけは真剣に考えました」

朝鮮半島の統一をどう実現するか、そのためにどう生きるべきか、桂仙さんたちに答えはなかった。

一方、当時の日本は高度経済成長を謳歌していた。1964年、終戦後から日本では特別な理由なしに許可されなかった海外旅行が自由化された。同年、12万7千人の日本人が海を越えたが、在日にとって海外渡航は見果てぬ夢だった。

日本社会に暮らす在日として閉塞感を深めるなか、桂仙さんが頼ったのは書物だった。『ああ無情』『アンナ・カレーニナ』『戦争と平和』。世界文学全集を買って次々と名作を読破した。日本の学校で国語の授業を受けたのは小学校四年までだったため、わからない漢字や言葉がたくさん出てくる。それでも、読めば読むほど知らない世界が広がり深まってゆく。

背伸びをしてスタンダールの『赤と黒』、ドストエフスキーの『カラマーゾフの兄弟』にも挑戦した。歯が立たなかったが人間の奥深さを感じ、善悪を測る「心の物差し」もさまざまだと思った。日本文学の『次郎物語』にも深い感銘を受けた。哲学にも答えを求めて授業中、机の下でページをめくった。

１９６５年、大阪朝鮮高級学校に進んだ。東大阪の近鉄花園駅まではじめての電車通学がはじまった。1学年で13クラス、学生数も大幅に増えた。日本の学校と違い、学年間の隔たりはまったくなかった。

この時期、北朝鮮と韓国は対立を深めていた。朝鮮学校には「国家の歌、民族の歌を普及せよ」との北の国家方針が届けられ、放課後は「歌の指導」が行われるようになった。中学と違い、いわゆる「冠歌」、国家最高指導者を称揚する曲を歌うことが増えていった。

一方、韓国では軍事独裁の圧政によって、自由を求める市民が弾圧された。南の市民は困窮の度を深めていたが、朝鮮学校では韓国を敵視することはなかった。分断の理由はアメリカの介入であり、ソ連を後ろ盾として北朝鮮が南に居座るアメリカを排撃し、解放して統一を果たすべきだと教わった。

日本社会と在日の分断

北朝鮮と韓国の分断を自分のこととして感じるようになった桂仙さんを待ち受けていたのは、

日本社会と在日コリアンの分断だった。

1965年6月、日韓基本条約が締結された。日本は韓国のみを朝鮮半島唯一の合法政府と認めて国交を樹立、韓国併合条約など、戦前の諸条約の無効を確認した。そして無償3億ドル、政府借款2億ドル、民間借款3億ドルの総額8億ドルの援助資金と引き換えに、韓国側は請求権を放棄した。この韓国のみの国交樹立は日本でも反対する声があがった。アメリカ主導の日韓連携は南北分断を固定化する、と大学生ら約24万人の反対運動が起きた。

韓国における反発はさらに激しかった。学生デモが起き、鎮圧のために軍隊が出動。戒厳令が発動され、戦時のごとく銃口を学生に突きつけた。

16歳の桂仙さんは、はじめて「政治」に強い怒りを覚えた。日本にとっては負の歴史を乗り越える一歩かもしれないが、在日にすれば日本が南北分断を固定化するどころか、深めていることになる。朝鮮学校では、生徒たちが運動場で条約反対を訴え、拳を日本の空に突き出した。桂仙さんもやり場のない憤りをぶつけた。

日韓基本条約は、在日社会をも南北に引き裂いた。

韓国、日本両政府は在日の法的地位協定も締結。その結果在日は在日韓国人、在日朝鮮人に分類され、国籍も韓国、北朝鮮に分かれた。待遇にも格差がもたらされた。

これまで在日は「特別永住許可者」とされてきたが、在日韓国人のみ他の外国人よりも国外退去させられる事由が大幅に緩和される「協定永住」という在留資格が認められた。

同じ年、「外国人登録書」の携行が在日に義務づけられた。１９５２年に施行された外国人登録法は、日本在留外国人の居住と身分関係を明確にするために作られた。16歳以上の外国人は常時、登録書を身につけなくてはならないと定めた。

「私は『外国人』なんだ。日本で生きているのに、この登録書がないと処罰される。いったい何が罪なのだろう、何が悪いのだろう……」

桂仙さんは、外出時に登録書を忘れていないか確認するたび「外国人であること」を意識させられた。夏休み、市民プールで登録証をロッカーに預けると不安を感じた。雨が降ると、登録証が濡れるのではと気になった。

「嫌でしたね。16歳の多感な時期に自分の育った日本が外国になりました。パスポートを持って外国に向かうように登録証しか自分の存在を証明できない旅人になった気がしました」

指紋押捺も義務付けられた。１９５５年にはじまった在日外国人に対する指紋押捺制度は、当時16歳からだった。桂仙さんは、人差し指がインクに触れたときのひんやりとした感じと、指紋を押す紙の固さを忘れることができない。

「日本にとって私は外国人なのだということを意識しました。犯罪者ではないのに指紋をとられる。ああそうなんだ、望まれていないんだと思いました。差別とは思わなかったけれど、ただ周囲の日本人と何が違うのだろうという疑問がつきまといました」

朝鮮学校コーラス部から在日の「歌舞団」へ

「自分は何者なのか、在日とはどんな存在なのか」

桂仙さんはあらためて、日本での自分の立ち位置について考えさせられた。そんなとき、コーラス部に入り、生活は一変した。合唱する喜びを感じ、勉強よりもコーラス一色の日々となった。部長に選ばれた高級部3年生のとき、大阪市港区で「大音楽舞踊叙事詩」の開催が決まり、参加することになる。この出演経験が、桂仙さんの歌手人生の転機になった。

平日の放課後だけでは飽き足らず、学校に泊まり込んで練習を重ねた。夏休みも校舎で合宿を行い、朝から日が暮れるまで歌い続けた。

このとき、桂仙さんは在日コリアンのプロの歌手に出会った。当時、在日の芸術団体の最高峰とされる東京の中央芸術団の団員だった。この芸術団を頂点として、地方各地に「歌舞団」が作られた。歌舞団は北朝鮮公認の文化宣伝団を前身とし、1966年ごろに東京、神奈川、愛知、京都、大阪、神戸に設置され、その後福岡、山口、広島、東北、北海道にも広がった。なかでも在日が多く暮らす東京、大阪、京都、兵庫の歌舞団は別格だった。

中央芸術団の団員は、桂仙さんに直接手取り足取り歌を教えてくれた。はじめて受けるプロの手ほどき、桂仙さんは発声法を学んだ。歌へ向き合う真摯な姿勢と厳しさを知り、かれらに憧れた。

目指す目標ができると、やるべき練習は明確になる。合宿を繰り返し、秋本番を迎えた。およそ3千人の聴衆を前に歌を披露した。ここで合唱したのは第二の国歌とも言われる『輝く祖国』(作曲 李冕相)。この曲は朝鮮中央テレビの日々の放送の締めくくりに流される。序章で紹介した、朴世永が作詞を担当した。

半万年の悠久なる歴史
文化も輝きて首領様の革命精神
あめつちにみなぎる
創造と労働に
血をたぎらす人民よ
燦爛たる人民祖国
永遠に讃えん
朝鮮よ　朝鮮よ
永遠無窮　万々歳
三千里の錦繍江山
資源もあふれ
建設に燃やす意志

世界に轟きわたる
自由と幸福に
はばたく人民よ
富強なる民主朝鮮
永遠に輝かさん
朝鮮よ　朝鮮よ
永遠無窮　万々歳

桂仙さんは祖国への賛歌に力を込めた。歌が会場をひとつにし、目の前にいる在日の若者一人ひとりがまるで兄弟姉妹のように感じられた。

「いまも鳥肌が立ちます。まるで歌が家族を作ったようでした。こんなに歌は人を幸せにできる、こんなに美しい世界がある、純粋に統一だけを願い、それ以外何もかも忘れました。歌には人をひとつにできる力があると思えました」

高級部3年生の冬を迎えて卒業後の進路を考えたが、選択肢は在日の営む団体や会社への就職などきわめて限られたものだった。日本の音楽大学に進みたいと思ったが、朝鮮学校の卒業生に受験は認められなかった。入学を目指し、熱心に音楽に打ち込んだ同級生は聴講生になることすら許されなかった。朝鮮学校は必死だった。延べ1か月近く、3年生全員が寝食をともにした。

高級部、修学旅行時の金桂仙さん（右からふたり目）

先生も泊まり込み、未来の可能性を模索した。就職できそうな会社に足を運び、頭を下げた。合宿最終日、先生は言った。「桂仙、歌舞団を目指せ」

声楽を本格的に学びたかった桂仙さんはうれしかったが、歌舞団は狭き門。南北が歩み寄り日本との関係が良くなるために歌いたいと強く願ったが、当時の募集定員はごく数名だった。自信はなかったが、桂仙さんは倍率5倍を勝ち抜いた。さっそく家族に喜びを伝えたが、父は絶句した。母もひと言も話そうとしなかった。

「人前で歌う妓生のようなことはもってのほか。はしたない河原乞食みたいなまねをするんじゃない」と激しく反対する親族もいた。桂仙さんは食い下がった。偶然にもこの時期、朝鮮総連が「飲食の場で歌舞団は歌わせない」との方針を打ち出していた。父は静かに告げた。「1年だけや。1年で戻れ」

桂仙さんは、プロとして歌える喜びを押しとどめることができなかった。突き動かされるような気持ちで大阪市東成区の朝銀信用組合の2階にあった歌舞団に向かった。そこでは、15人の仲間が笑顔で待っていた。

在日のプロ歌手の道へ

1968年、桂仙さんはプロ歌手としての一歩を踏み出した。大阪朝鮮歌舞団（以下、歌舞団）は歌だけではない、寸劇や舞踏や民族楽器の演奏もこなす。笑いも欠かせない。漫才やユーモアに富んだ司会も重要な演目だった。

毎日のように公演が続いた。1日に複数回行うことも珍しくなかった。週1日の休みも練習にあてる、歌一色の日々がはじまった。桂仙さんの月給は1万7千円だったが、歌のレッスンを受けるため5千円をつぎ込んだ。関西はもとより、四国、九州、山陰を巡った。

「祖国の統一」を願う在日コリアンが暮らす集落はひとつ残らず訪問し、個人宅や寺にも足を運んだ。歌を届ける相手が数千人を超える日もあれば30人のときもあった。

朝鮮歌曲のみならず『荒城の月』『早春譜』など日本歌曲も届けた。朝鮮学校で習った『アメリカよ　出ていけ』も歌った。民族歌劇の挿入歌『景色もいいが　暮らしもいい』もよく披露した。名勝・金剛山の豊かな自然と、そこで暮らす人々を慈しむ。金剛山は38度線から北に20ｋｍ、主峰は標高１６３８ｍの毘盧峰、朝鮮民族が世界に誇る景勝地だ。

景色もいいが　暮らしもいい
金剛山の村々は　誇るべき宝が溢れている
毘盧峯の麓は　人参を育む
玉流洞の村に　白い桔梗が咲き乱れる
ああ我らの金剛山
景色もいいが　暮らしもいい

最大の催しは8月15日。日本の終戦の日は、朝鮮民族の解放の日・光復節となる。大阪の扇町公園は総連も民団も関係なく在日であふれかえり、夜更けまで統一を願う歌が会場を包んだ。南北の垣根なく歌が受け入れられたことに桂仙さんは大きな喜びを感じた。

「多忙な日々でしたが、やりがいがありました。歌を求めている人に歌を届けられる。ただただ統一を願い歌いました」

公演後は毎回、食事を振舞われた。「あんたは体細い、もっと体力つけなさい」と滋養強壮に効くとされる鹿の角のスライスを差し入れてくれた篤志家もいた。「家に嫁に来てくれ」と請願されたこともあった。厳しい暮らしのなか、寄付金を集め手渡してくれる人もいた。

桂仙さんは朝鮮学校で歌に出会って以後、父母に歌をほめられたことは一度もなかった。プロになっても父は相変わらず何も言わなかった。しつけも厳格で門限は以前より1時間だけ後の夕方6時、公演での遅れ以外、認めなかった。

帰宅が深夜に及ぶ日は、家の前の街灯の下で母が無言で待っていた。そんな両親は、歌舞団が吹田市で公演するときは自宅を開放した。食卓にあふれんばかりの御馳走で団員をもてなした。桂仙さんがプロになって1年が過ぎたある日、ふと気づくと会場の片隅に父の姿があった。

当時の日本は、北との友好を目指した活動も少なくなかった。日本のコーラス団とともに日朝友好コンサートが数多く開かれ、フェスティバルホールをはじめ関西各地の主要な会場はすべて回った。ＮＨＫホールのオープニングにも出演した。学祭にも招かれ、大阪大学や同志社、立命館など関西のほとんどの大学で、１９６０年代に作られた『東京－平壌（日朝友好のうた）』（作詞作曲 日本のうたごえ・朝鮮総連文芸同盟）をともに歌った。

玄海灘の荒波越えて
平和の春呼ぶ仲間たち
友情の虹天かける
燃え上がる我らの友情よ
ああ団結の絆は固く
揺るがぬ心は　平和を築く
誓い合うともよ　東京—平壌

日本の政界も自民党、社会党ともに日朝関係の発展を目指し、応援してくれる政治家も多かった。日朝友好コンサートでの主張も自由だった。北朝鮮から金日成への個人崇拝を強制されることもなく、「北朝鮮は7か年計画で経済発展を遂げつつあります」「植民地支配を脱した希望の国です」とアピールした。だが、徐々に歌は政治に翻弄されるようになってゆく。

1966年以降、金日成は主体思想《チュチェ》を唱えた。マルクス・レーニン主義をもとに、独自の国家理念とした政治思想で、人間は自己の運命の主人であり大衆を国家建設の主人公としながら、人民は絶対的権威を持つ指導者に服従しなければならないと説く。歌舞団もこの主体思想の実践として金日成著作全集の輪読をはじめ、『金日成に捧げる歌』をうたうようになった。

白頭の密林から明け出でたこの朝
我らは首領の歌を誇りより歌う
この歌は抑圧された者を勇士に育て
いつも勝利へと鼓舞してくれる
この歌は仇敵には死を与え
勝利した祖国に響き渡る
ああ　いつも親しき我らの首領　金日成元帥
我らは心で高く呼び慕う

国籍の壁――海外公演参加の断念

公演最後の挨拶も「金日成元帥に感謝」に転じた。桂仙さんは「歌に国境はない、日本に憎しみの矛先を向けることもない。歌には力がある。統一への願いを込めるだけ」と歌手活動に没頭した。

1971年、大きなチャンスがもたらされた。

桂仙さんの熱心さと歌の上達が評価され、当時の東ドイツの首都、東ベルリンで開催される世界青少年芸術祭典に日本の代表として選ばれた。冷戦の最中、東ベルリンはソ連を盟主とする社会主義国陣営の西側諸国へのショーウィンドーだった。アメリカをはじめとした自由主義陣営に対し、社会主義がいかに優れ、文化的発展を成し遂げたかを示すプロパガンダの手段として歌は欠かせなかった。

選出されたのは中央芸術団員若干名と桂仙さんの他、東京、京都、兵庫など各歌舞団から4名だけ、世界最高水準に匹敵する技量が求められる祭典への出場は、若手のプロ歌手として最大の栄誉だった。

しかし、国籍の壁が在日朝鮮人の海外渡航を阻む時代だった。1965年の日韓基本条約以後、在日韓国人の海外渡航は比較的容易になったが、日本と国交のない朝鮮国籍を持つ在日朝鮮人が海外へ向かう道は閉ざされていた。唯一、文化交流を目的とした団体だけが、海外に向かう道だった。

桂仙さんにとっても外国へ行くことは、はるか遠い夢物語であり、国籍の壁を意識することもなかった。父は歓喜して民族衣装と洋服を新調し、靴やコートも買い揃えた。日本のメディアも桂仙さんたちの東ベルリン行きに注目し、ニュースとなった。家族全員が浮き足立ち、出発の日を指折り数えた。

ところが、桂仙さんが東京に向かい合宿で練習に打ち込む最中、突然電話がかかってきた。日本の法務省からだった。

「金桂仙さんは韓国籍であり朝鮮代表としての海外渡航は許可できない」

桂仙さんは理解できなかった。朝鮮学校で学び、父は総連系だ。韓国籍であることは電話を受けるまで想像もしなかった。混乱し、なぜ韓国籍なのか何度も問いただした。だが「許可できない」と繰り返された。

突然断ち切られた夢。桂仙さんは呆然としたまま大阪へ戻った。夜遅く帰宅すると居間で父が待っていて、桂仙さんを見るなり言った。

「国籍のせいでお前の前途が絶たれてしまった。私のせいだ」

父は吹田市役所に行って驚いた。北朝鮮・総連を支持しているのに韓国人となっていることがわかったのだ。当時、日本の行政は混乱して多くの南北の取り違えを起こしていた。しかし、変更の申し出は拒否された。

国籍に夢を奪われる不条理。桂仙さんはやり場のない悔しさをかみしめた。そして、込み上げる分断への怒りから逃れようと、さらに歌に打ち込んだ。

この時期、金日成主席のお気に入りの万寿台《マンスデ》芸術団が初来日した。はじめて聞く北朝鮮最高峰の民族歌劇でソプラノ歌手の第一声を聞いた瞬間、桂仙さんは思わず息をのんだ。声の質と量、抑揚、表現力、すべて圧倒的だった。

その自信に満ちあふれた歌に桂仙さんは背中を押された。そして、いつか必ず海外で歌おうと決意を新たにした。

南北の在日の学校で教える

桂仙さんの心を慰めてくれたのは、北朝鮮の芸術団だけではなかった。在日コリアンの学校の子どもたちとの出会いが、桂仙さんに希望をもたらした。

南北に分断された在日社会では、学校も総連系の朝鮮学校と韓国系の建国学校に分かれた。桂仙さんはその両方で音楽を教えることになった。建国学校は「教育の基本は、政治に左右されない不偏不党であり、日本社会はもちろん国際社会にも通用する学校でなければならない」との理念の下、1946年に大阪市住吉区で開校した。翌年には300人が学ぶようになった。

桂仙さんは朝鮮伝統の弦楽器、伽耶琴《カヤグム》を毎週教えることになった。最初、桂仙さんは緊張を覚えた。建国学校は北と対峙する韓国を支持する。イデオロギーも政治体制も教育の方向性も大きく異なる。朝鮮学校で学んだ自分を受け入れてくれるのかと不安だった。

だが北で美しいと評価される旋律に建国学校の子どもたちは目を輝かせ、哀切な調べに静かに聞き入った。皆が朝鮮民族の音楽を楽しみ、ぐんぐん上達していった。音楽には南北の壁がなかった。

桂仙さんの願いは、音楽で統一をたぐりよせること。学校で指導するときに政治的なことはひと言も口にしなかったが、教え子のなかには後に統一運動に身を投じ、韓国の軍事独裁に命がけで抗った者もいる。

当時、桂仙さんは大阪府下の朝鮮学校に歌を届け、指導も熱心に行っていた。小学校10校、中学校4校を回り、伽耶琴も教えた。年1回東京で開催される全国朝鮮学校のコンクールでは、教え子が優勝を成し遂げた。高校のコーラス部からも声がかかり、指導のため週末の休みはなくなった。それでも「在日、それも未来を担う子どものために寄り添いたい」という思いに突き動かされて、音楽を教えることに没頭した。

歌舞団で5年が経った24歳のころ、憧れだった東京の中央芸術団から声がかかった。

芸術団は定員100人、活動は歌舞団とは大きく異なった。総連の文化の顔として壮麗で晴れやかな舞台活動を行っていた。桂仙さんは実力が認められ、次世代のホープとしてアルトパートの副部長に抜擢された。

入団翌年の1974年、桜の花が咲きはじめたころ、一度は断念に追い込まれた海外への道がふたたび開かれた。総連文化部が祖国でのオペラ研修を目的にはじめての代表団を結成、100日間の平壌訪問を計画した。オペラは総合芸術、歌はもとより、舞踏、演劇、舞台美術、衣装、とあらゆる分野が関連する。中央芸術団は総力をあげて準備にかかり、平壌訪問メンバーに桂仙さんも選ばれた。東ベルリン行きを逃し無聊を慰める日々に見た、あの憧れの万寿台芸術団に学ぶことのできる喜びに胸が高鳴った。

もう国籍に左右されるわけにはいかない。

当時、神奈川県の川崎市では日本で唯一、在日が国籍変更できる可能性があった。桂仙さんはできることはすべてやろうと、川崎で韓国籍から北朝鮮籍へ変更手続きを申請した。総連や中央芸術団が組織をあげて支援したことも奏功したのか、無事、北朝鮮の国籍を取得した。

「さあいよいよ」と慌ただしく旅装を整えた矢先、思いもよらぬ知らせが届いたのだった。

総連中央本部の話によると、法務省から「金桂仙さんの戸籍は韓国にあります。韓国政府に確認しました。したがって北朝鮮への渡航は許可できません」と連絡があったという。

「戸籍？　国籍は北朝鮮です。どうして戸籍だけ韓国にあるのですか？」

桂仙さんは思わず聞き返した。

韓国の戸籍記載理由で渡航断念に追い込まれたのは、桂仙さんだけではなかった。舞踏、楽器演奏者、7名の夢が散った。桂仙さんは天を仰いだ。つかんだと思った瞬間、零れ落ちた海外への夢。朝鮮学校を卒業して6年間、統一を願い、歌で国境を越えることを目指してきた。しかし自分ではどうしようもない国籍、戸籍の壁が立ちふさがった。

「底なしの淵に投げ込まれました。這いあがる手がかりが何もなく、落ち込んでゆく。目に映る景色から色彩がなくなっていきました。胃潰瘍ができ、祖母になったいまも完治していません」

本当は北朝鮮で憧れの芸術団とともに過ごすはずだった100日間、桂仙さんは日に日に歌う気力を失っていった。床に就くと悔し涙に暮れた。ピアノを習うことで気を紛らわせた。

中央芸術団の代表団が帰ってきた。北朝鮮で研修を受けたことを記念し、「金剛山歌劇団」と改名した。かれらの歌は見違えるように向上し、立ち居振る舞いにも自信がにじんでいた。桂仙さんは笑顔で迎えたが、北で学ぶことのできた団員とのあいだに確実に優劣の差が生じていた。歌劇団のなかでの桂仙さんの序列も下がった。

結婚、そして夫のこと

失意に沈む桂仙さんを支え続けたのは、在日一世の夫だった。1歳年上の夫は、幼少期に死と隣り合わせの激動を生きてきた苦労人だ。夫がかつて過ごした苛酷な日々を思うと、桂仙さんの目にはいまも涙があふれる。

「夫は両親と同じ在日一世です。4歳で父を亡くし、何もわからぬまま6歳で母と日本に渡り、誰にも頼れずに生きていかなくてはなりませんでした。結婚するまで夫の居場所は演劇だけでした」

夫の故郷は日本海、東シナ海、黄海のあいだに浮かぶ韓国・済州島。現在は人口約55万人、ゴルフ場などリゾート開発が進み「韓国のハワイ」とも呼ばれる、日本でも人気の観光地だ。だが夫が生まれた1948年、朝鮮半島の南北分断は済州島に筆舌に尽くしがたい悲劇をもたらした。済州島四・三事件。まさに1948年の4月3日、アメリカ主導で進められた朝鮮半島南部のみの単独選挙に対し、「南北分断につながる」と反発した一部の島民が警察署を襲撃した。米軍政下の軍と警察が徹底的に弾圧し、島民の5人に1人、およそ3万人が虐殺されたといわれる。

かつて定期連絡船で結ばれていた大阪に2万人近くが避難した。

夫の母は大阪の親類を頼り、日本へ行くことを決心した。当時6歳だった夫は「釜山に行く」とだけ告げられた。渡日することなど想像もしなかった。玄界灘は荒れていた。船は大波にもてあそばれ、海上をさまよったという。

北朝鮮と対立する韓国ではかつて四・三事件は「共産暴動」という誤った烙印が押され、同じ島民同士で憎しみ合った凄惨な悲劇はタブーとして黙殺され、済州島の人々が被害や苦しみを語ることは許されなかった。「国家反逆者」とされた犠牲者の名誉が韓国政府によって回復されるまで60年の歳月が必要だった。桂仙さんは、夫の傷は癒えていないと語る。

「私と違い、夫は子どもでいることが許されませんでした。いまも昔話は一切口にしません。どれだけ酔っても話そうとはしません。沈黙が底の見えない深い悲しみを物語っているようです」

桂仙さんの夫は、母とともに大阪の生野区に移り住んだ。母は、行商の仕事に追われていた。当時は日本語をまったく話せなかった幼い夫は、ひとりで身の回りのことをしなければならなかった。学校に弁当も持って行けず、水道水を腹一杯飲んで空腹を紛らわせた。母が帰らぬ夜は友達の家を訪ねて食べさせてもらうこともあったという。

桂仙さんは夫と同じ朝鮮学校の一学年下だった。「詩の朗読が極めてうまい」という評判を耳にしていたが、顔を見たことも言葉を交わしたこともなかった。

厳しい生活のなか、夫の唯一の気晴らしは演劇だった。高校でも頭角を現し、桂仙さんより先に歌舞団に合格した。はじめて会った夫の印象は良くなかった、と桂仙さんは言う。

「なんて暗い人、とにかく無口。でも舞台に上がると誰よりも生き生きと輝き、バリトンの美声は圧倒的でした。でも降りると真っ暗でした」

言葉も交わさぬ日々が続いたが、ある日、歌舞団の全国コンクールが行われることになった。大阪からバリトンとソプラノの二重唱で出場することになり、桂仙さんと夫に白羽の矢が立った。桂仙さんは気が進まなかった。それでも懸命に歌ったが、予想通り散々な結果に終わった。

「声はいいけど、音程の悪さに驚いた……」

怒り心頭に発した桂仙さんは、二度と共演しないと誓った。翌日、夫が「本当に申し訳ない」と謝ってきた。梅田に誘われ、阪急百貨店の喫茶店で桂仙さんは渋々コーヒーを一緒に飲んだ。長い沈黙の後、夫が日本に来てからの日々を静かに語りはじめた。主語は「母」だった。自分の苦しい生活は語らず、母を楽にしたいと繰り返した。桂仙さんは夫の壮絶な過去を知った。

「私がのほほんと育ってきたのに、この人は家族のぬくもりもしらず、苦労してきたんだ。こんな人こそ幸せにならなくては」

この日から練習の終わりにときどき、お茶を飲むようになった。夫の芸術へ寄せる思い、演劇にかける情熱が少しずつわかってきた。ある日、夫が切り出した。

「交際してください」

「出身はどちら?」

「済州島」

「……両親が反対します。済州島の人はだめなんです」

朝鮮半島には、いまも地域間の反目が根強く残る。両親には、愛娘の結婚に人一倍思い入れがあった。母は毎朝、呪文のようにこう言った。

「結婚はひとりでするもんちゃうよ。済州島と全羅道の人はあかんよ」

この時期、桂仙さんは歌に没頭し、無理を重ねていた。過労で腎臓を患い、入退院を繰り返していた。夫は毎日見舞いに訪れた。父母の反対を伝えてもやってきた。

桂仙さんは、幼くして故郷を失って過酷な日々を送り、それでもひたむきに生きようとする夫の姿に触れて結婚しても良いと思うようになっていった。だが母は許そうとしなかった。父は夫に会い、問い質した。

「統一のために芸術に打ち込む人なら問題はなかろう。桂仙の兄たちも信頼ができると言っている。ただ、桂仙に歌は続けさせるか？」

「はい、自分が演劇を辞めることになっても、桂仙さんには必ず続けさせます」

こうしてふたりは結婚した。お互いがお互いの故郷になろうと話し合い、幸せになろうと願ったが、桂仙さんは夫の貧しい暮らしぶりに衝撃を受けた。はじめて料理をしたとき、夫は言った。

「今日は誰かの誕生日か？」

「普通の日よ。料理も普段通りです」

ご飯とスープにおかずのキムチと肉と野菜料理。桂仙さんの実家ではごくありふれた食卓の光景だったが、夫は泣きだした。

「家でこんなにおかずが並んだことはない。お母さんに食べさせたい」

夫は、想像した以上に自分とはかけ離れた貧困を生きていた。6畳と10畳の2部屋での新婚生活、桂仙さんにとってはつましい暮らしだが夫にすればまるで御殿、毎日が祝宴だった。桂仙さんは、夫の姿を通じてあらためて在日一世の苦労を偲んだ。

歌う心が折れる

結婚して2年後、妊娠がわかった。桂仙さんは喜びに震えると同時に、深い葛藤に襲われた。

「本当に子どもを産んでもいいのだろうか……」

夫の国籍は韓国、桂仙さんは北朝鮮、生まれ来る我が子の親が南北に分かれている。国際政治の帰趨次第で、国籍の違いが将来を左右する。いつか子どもが自ら選び取ることを願ったが、分断が深まれば選択できる保証もない。

「私は何人なのか悩み、国籍に夢を挫かれた。我が子も自分ではどうしようもない出自ゆえ悩む日が来るのではないか。在日であることで苦しむのは私だけでいい」

1975年、桂仙さんが25歳で長女を授かったとき、桂仙さんは願った。

「この子が朝鮮半島に戻ることはない。日本で在日を生き抜くしかない。何があっても揺るがないしっかりとした自分を持ち、国の違いを乗り越える強さを身につけてほしい」

しかし、母としてどれほど自分を鼓舞しても、在日の苦しみが連鎖するのではとの不安が膨らんでいった。翌年、新たな妊娠を告げられたときも歓喜に包まれる一方、逡巡は続いた。

男の子を授かったが、「南か北か」と子どもの国籍をどうしても選ぶことができなかった。桂仙さんはふたりの我が子を私生児として届け、子どもたちは母と同じ北朝鮮籍になった。在日ゆえの苦悩を振り切るように桂仙さんは歌に打ち込もうとした。目標は歌で統一を成し遂げ、国家の分断を終わらせ、日本と朝鮮半島をつなぐこと。

揺れるときこそ原点に立ち返り、挫けそうになる自分を支えようとした。

この時期、北朝鮮では金日成から息子・金正日への世襲が進められていた。

１９７２年10月、金正日は朝鮮労働党中央委員に選出された。翌年、党組織と宣伝扇動を担う書記になった。後継者としての地歩を固めるため利用したのが、「芸術」だった。平等を掲げる社会主義国家における独裁者の世襲は、建国の理念に反する。金正日は矛盾を押し通すため音楽を重視した。

歌を国民啓蒙の手段と位置づけ父親の設立した万寿台芸術団に加え、旺戴山《ワンジェサン》芸術団を創設、自ら指導した。歌は教化の道具と化し、国民に「愛国」「指導者への忠誠・献身」の精神を植え付けていった。

金日成は息子が主導した芸術の政治利用を高く評価、その結果、宣伝扇動部は党指導部に並ぶ権力を持つようになり北朝鮮の隅々まで組織を拡げた。こうして金正日は1975年、後継者として推戴された。一方、韓国の軍事独裁政権は北の脅威を煽り、民主化を求める動きを徹底的に封じ込めた。在日の動向にも目を光らせ、総連を攻撃し、民団との分断を画策した。

「統一された民主的な立派な祖国を作りたい。軍事独裁に苦しむ同胞に寄り添いたい」と韓国へ留学した在日の若者も、軍事政権によって北朝鮮のスパイとして死刑を宣告されるという冤罪事件も起きた。警察による拷問は凄惨を極めた。失神するまで殴られ、零下20度の独房に1週間放置され精神を病んだ在日留学生もいる。この100人とも120人とも言われる冤罪犠牲者の大半が大阪出身で、のちに桂仙さんの知り合いと判明した人もいた。

民衆が歌でつながることを警戒した韓国の軍事政権は、さまざまな理由で歌曲を禁じた。日本と少しでも関係がある曲は「倭色」、北に渡った作曲家の作品は「退廃」「低俗」として封印した。

分断が桂仙さんの歌う気持ちを蝕んでいった。そしてある日、心が折れた。

「南北の統一、日本と朝鮮半島をつなぎたいとの願いを歌に込めてきました。その歌が自国の正当性を誇示し、他国より優れているとの主張に変わってゆく。国境や時代を超えて人々をつなげる歌が人々を引き裂く刃と化す。歌は誰のためにあるのでしょう。心がつぶれてしまいそうになります」

母として、妻として生きる

歌を断念し、金剛山歌劇団を去った瞬間から生活は暗転した。

生きるための選択肢はほとんどなかった。失意の奈落から這い上がるためには過去を振り切り、未来への夢想に逃げず、目の前の与えられた役割に取り組むしかないと決意した。

「生きていくため、子どもを育てるため、はじめて社会に揉まれました。歌への未練を感じる暇も余裕もありませんでしたね」

生まれ育った故郷でやり直そうと東京を去った。未来を嘱望された夫も、家族を養うために桂仙さんより早く芸術の道を諦めていた。

父の世話で大阪にあるマンションの管理人になり、家族全員で移り住んだ。はじめて経験する日本での社会人生活、通名の木村を名乗った。

長女を幼稚園に預けるにあたり、私生児だと入園が厳しかったので婚姻届けを出した。ところが戸籍を韓国から取り寄せると、そこには「金桂仙」の名前は記載されていなかった。かつて北朝鮮に渡って歌を磨く希望を打ち砕いた韓国の戸籍、桂仙さんは何度も読み返した。韓国行政当局にもあらためて確認を求めたが、名前はなかった。

「法務省はどうして嘘をついてまで私の希望を打ち砕いたのか。国民を守るのが国家とすれば、在日が暮らせる国家はどこなのか。国籍とは何か、自分の寄る辺はどこなのか?」

けっきょく答えは見つからなかった。分断の歴史の呪縛から逃れたいと、桂仙さんは保育園や幼稚園のママさん仲間にも本名を隠した。通名を名乗り、子どもたちが卒園するまで自ら在日であることは誰にも伝えなかった。

「木村という通名だと日本人と思われ先入観なしに接してくれますが、最初から日本人ではない在日だと明かすと色眼鏡で見られるのが常でした。親しくなってから国籍を伝えると『へえそうだったの、でも関係ないわ』と一笑に付されました。日本人のママさんたちとはいまも親しくお付き合いしていますが、当時はとても複雑な思いになりました」

夫はダンプカーの運転手になった。毎朝未明に大阪から京都の亀岡にある採石場に通い、頭の先からつま先まで泥と埃にまみれながら石片を運んだ。働いた分だけ実入りが増える歩合制、他の人の2倍以上、駆け回った。

朝日を浴びながら、関西各地に車を走らせる。頼りになるのは自分の身ひとつだった。子育てに追われる桂仙さんと向き合う時間も、一日に半時間もあれば多い方だった。当時、夫が幼い子どもたちと過ごす機会はほとんどなかった。桂仙さんは家族のために仕事に打ち込む夫の健康を案じた。

「夫も必死でした。先立つものもなく、まるで競走馬のように、ただ前しか見ませんでした」

ある日、夫は家に戻らなかった。不安を募らせるなか、電話が鳴った。

「御主人さんが重体です。早く病院に来てください！」

京都で夫のダンプカーがガードレールを突き破り、崖から7メートル転落した。雨が降り続き、地盤が緩み路肩が崩れかけていた。ダンプカーは勢いを失うことなく、空中に飛び出した。夫は運転席の窓から身を投げだし、絶壁を転げ落ち、地面にたたきつけられた。そのわずか1メートル横にダンプカーが落下したという。

奇跡的に脳に異常は認められず、命拾いしたものの全身骨折で全治1年と診断された。長い入院生活、幸い一部保険金が出たものの、再起できるかわからない。家族の先行きに暗雲が立ち込めた。

桂仙さんは、昼の管理人の仕事に加え、ブラウスのボタン付けの内職をはじめた。ひとつ1円、シャツ1枚で7円。1日100枚をノルマにした。幼い子どもたちとの触れ合いの時間を削らざるをえなかった。長女は膝の上で絵本を読んでもらうのを何より楽しみにしていたが、仕事に追われ手が離せない。仕方なくカセットテープに『赤ずきん』や『白雪姫』の物語を吹き込み、娘に聞かせた。

生活の窮乏よりも悔しかったのは周囲の視線だった。働きづめになったことで、桂仙さんは親類などまわりからの目が「あわれみ」を帯びているように感じはじめた。

「ああ、私は落ちたんだ。見返すすべも、力もない……」

だが、不遇を嘆いている余裕はなかった。夫の医療費と生活費を稼がなければ、路頭に迷う。

1円単位で切り詰めた。毎日の日課はスーパーのちらしを隅から隅まで精読すること。

ある日、「ミンチ肉100グラム100円」の店を見つけた。心惹かれたが自宅からスーパーまでは15キロ、交通費はない。自転車の前と後ろに子どもを乗せ、往復1時間ペダルをこいだ。毎回1キログラム購入し、子どもにいつでも食べさせられるようにハンバーグ、餃子を作り冷凍した。2年間、欠かせぬ日課になった。

傷が癒えた夫は焼肉で勝負すると決めた。有名店で修業し、大阪にある桂仙さんの叔父の持ちビルの一室を間借りし、資金もないので共同経営で開業した。串焼きと焼肉の専門店だった。

浮き沈みの激しい飲食業、桂仙さんの父は夫を呼び出した。

「一度嫁がせたら何も言わないのが祖先からの習いだが、それでも娘を店に出すことは許さない。そもそも歌を続けさせる約束はどうなったのか?」

夫は幾度も頭を下げ、詫びた。

「申し訳ございません。接客をしてもらうことはありません。歌もいつか再開できるよう、がんばります」

桂仙さんは店には立たず、厨房と接客以外のすべてを引き受けた。

「25人が入るお店でしたが、開店前にホルモンやロース、カルビなど10種類、1日300串を作りました。手が痛くなり、箸を持てなくなりました」

歌が描く理想と仕事で知る現実は、大きく隔たっていた。体中に肉のにおいが染みつき、手にはホルモンの感触が刻まれた。頭のなかは、夫が元気に働けること、店がなんとか軌道に乗ることで埋め尽くされた。以前は歌のことしか頭になかったが、夢のなかでも肉を串に刺すようになった。いつの日か歌を再開できるとの一縷の望みも、焼肉の煙のなかに霧散した。きれいごとではすまない社会に根ざす覚悟を、自らの基点に据えなおした。

5年が過ぎた。最初は一生続くのではと思った借金返済が終わった。夫は店を大きくしたい、自分だけの店を持ちたい、と繰り返し夢を語った。

「しかし主人が独立すれば私が女将にならざるを得ず、そうなれば子どもたちと関わることができません。家族の交わりもありません。思い出を一杯作ってあげたいのに、遊んであげられるのはごくたまの日曜の午後の散歩や公園だけです。幾度も身内や友達に甘え、遊園地やプールに連れて行ってもらったけれど、親の役割を放棄してまで手伝えません」

在日一世の夫は幼いころからひとりで生きてきた。親のぬくもりに直接触れることができなかったので、子どもたちは自分のようにひとりでも育つものと考えている。桂仙さんは子育てが遠ざかっていくことに不安を禁じえなかった。それでも夫は言った。

「私は仕事で家族を支える。苦労ばかりだった母も楽にさせたいし、豊かになれば子どもの未来も広がる」

夫はサラリーマンの集まる都会で勝負したかった。数十件の店舗を見て回り大阪市内に12坪の店舗を構えた。桂仙さんは夫に内緒で節約を重ねていた。結婚してから10年間、嫁いできたときに両親が与えてくれた服だけでしのぎ、頼れる人もいない夫のためにへそくりを積み上げていた。その貯金を新たな店舗のために使ってほしいと話すと、夫は驚いた。

開店の日から無休の日々がはじまった。

「お店はまるでマッチ箱でした。まわりの方々も心配しましたが、はじめての独立に誰よりも私が不安でした」

桂仙さんも女将になる覚悟を決め、睡眠時間は3時間になった。夫は仕事にのめり込んでいった。

さらに、夫の母と12年間におよぶ同居もはじまった。義母は72歳、晩年の2年間は体が不自由になり、完全介護が必要だった。夫にとって、ともに苦労の多い日々を過ごした母は誰よりも大事な存在だった。介護や生活の世話は、すべて桂仙さんが担うことになった。仕事と子育てと介護。与えられた役割を背負うためには自分を削るしかない。

一日8回食事の準備に追われるようになった。早朝、仕入れに向かう夫を送り、子どもたちの弁当を作り、朝ご飯を準備する。子どもが小学校に行くと、義母の食事の準備。昼は夫のご飯を準備した後に店の清掃と下ごしらえ、資金繰りのための銀行行脚も頻繁だった。もどると従業員のまかない飯作りも欠かせない。夕方は買い物と義母の入浴や散歩、夕食の準備も必要だ。未明の閉店後は、夫のための夜食が待っていた。

独立する前も子どもたちと過ごせる時間は夕食後の1時間だけだったが、この唯一の親子の時間すら失われた。

「このころ、ずっと寝不足で運転中に電柱に激突しそうになりました。あと50センチで止まりましたが、本当にすべてが終わったと思いました。あの恐怖を思い出すだけで、ほら手に汗がにじみます。それからは冬でも車の暖房は使わず、窓を全開にして風を受けました。寒いどころじゃないですよ。指先や足元の感覚がなくなりました。あぶないけれど、睡魔よりましだったので……いま思えばよく風邪ひかなかったものです」

夫は他店で食べ比べ、桂仙さんも店内に流す音楽、トイレや会計の動線、そして女将や従業員の立ち居振る舞いを確認し、どうすれば心地良い時間を提供できるのか模索した。夫婦で出した結論はひとつだった。

「熱意しかない。お客様においしい料理を提供して喜んでいただきたいと思う以外にない」

ある日、桂仙さんは目覚めると声がでなかった。懸命に絞り出すと自分のものとは思えない、ひどいかすれ声だった。病院に行くとこう診断された。

「声帯に大きなポリープができています。毎日、大声を何回も出していませんか。手術しか声を取り戻す方法はありません」

女将業が原因だった。日々大声で挨拶するたび、喉に負担が積み重なっていた。

永遠に歌を失う不安に怯えたが、店を休むことは許されない。手術せずに女将以外の時間はマスクをし、無言で過ごした。子どもに優しい言葉を届けることも叶わなかったが、どうしようもなかった。2年間、1日の休みもなく店を開いた。盆も正月もなかった。焼肉店は軌道にのった。

桂仙さんは木下武久先生のヴォイストレーニングに励み、そのおかげで手術することなく歌えるようになった。

一世の夫、三世の我が子

店の経営が安定した代償は、家族のぬくもりだった。桂仙さんは子どもたちが不憫でならなかった。父親は仕事に追われ、まるで母子家庭のようだったが、女将になって以降、母親である自分も不在がちになった。

桂仙さんは涙を流しながら話す。

「仕事が終わるのは深夜2時、夫の食事を作って4時に就寝、5時に起きて子どもたちのお弁当と朝ご飯、子どもの顔を見て送り出して仮眠をとり、昼からは店の準備、夕方から女将で7時間立ちっぱなし。私は両親から愛情を受けて育ててもらったのに、我が子が最も親を求める時期にそばにいられなかった……」

子育てをめぐり意見の分裂が生じた。夫とはこの悲しみを分かち合うことができなかった。幼いころに父を失い、故郷もなくした夫は「家族とは何か」がわからない。そして子育て、親の介護はすべて妻である桂仙さんが担うのが当然と考えた。同居する夫の母も人生の大半を仕事に追われ、独力で生きてきたため、嫁や孫との向き合い方に戸惑っていた。桂仙さんの苦悩は深まっていった。

「私は身の丈にあった生活を求めました。でも幼くして日本に渡った夫が家族のために仕事に打ち込み、仕事で周囲を見返したいと発奮する悔しさもわかります。一方で幼い子どもたちには夫の気持ちはわかりません。いまも子どもには申し訳ない気持ちが消えません。一世と三世のはざまで引き裂かれそうでした」

店に向かうとき、後ろ髪惹かれる思いで扉に鍵をかけた。しかし仕事に追われ、子どもたちに電話をかける時間すら持てなかった。見かねた桂仙さんの両親が毎日、孫に連絡を入れた。

「電気やガスは大丈夫？　ご飯残さなかったかな、ふたりで寝れるかな、怖くない怖くない……」

親を求める声に耐えきれず、我が子を乗せた車を店に横付けし、シートで寝かした夜もある。母親不在の日々を断ち切ろうと、子どもを連れて家出したこともある。

「自分はいったい何のために生きているのだろう？」

桂仙さんは自分を見失っていった。在日コリアンの知人のなかには焼肉店が評判になったことをおもしろく思わなかったのか、水が引くように去ってゆく人もいた。駅のベンチに座ると、楽し気な親子連れの姿が目に入った。

「飛び込もうかな」という思いが頭をよぎった。涙を見られないようにホームの先まで歩き、線路を見つめた。幾度も電車をやり過ごし、子どもたちを残して先立とうとした自分を責めた。

生きる意味を自分のなかに見つけることができず、ふたたびむさぼるように書物を求めた。

人間のあるべき姿を問いかけた遠藤周作や井上ひさしや松本清張の文学、抗いがたい戦争の相貌を子どもの視点で描いた妹尾河童の『少年H』。何気ない日常に宿る「生」を清冽に歌った茨木のり子の詩集「自分の感受性くらい」も、繰り返し読んだ。

ぱさぱさに乾いてゆく心を
ひとのせいにはするな
みずから水やりを怠っておいて

気難しくなってきたのを
友人のせいにはするな
しなやかさを失ったのはどちらなのか

苛立つのを
近親のせいにはするな
なにもかも下手だったのはわたくし

初心消えかかるのを

暮しのせいにはするな
そもそもが　ひよわな志にすぎなかった

駄目なことの一切を
時代のせいにはするな
わずかに光る尊厳の放棄

自分の感受性くらい
自分で守れ
ばかものよ

もがき悩みぬかないと得られない言葉がある。悶々とした日々が半年近く続いたのち、桂仙さんが辿り着いた心の寄る辺は母の言葉だった。

「与えられた役割、しんぼうしいや」

桂仙さんははっとした。母として、妻として、嫁として、女将として自分は本当に最善を尽くしているのか。慣れない接客業、自分に向いているとはまったく思えない女将の仕事だが、「お店がうまくいけばいつか時間ができる。親子の時間を持てる日がくる」と思い直し、取り組んだ。

母の言葉で景色が変わった。気が付けば焼肉店はステージだった。届けるのは歌ではなく料理とくつろぎと人のつながり。桂仙さんは思った。

「歌手も女将も変わらない。足を運んでくださった方々に豊かな時間を過ごしていただくために全力を尽くすことはまったく同じ。持てるすべてを注ぎ込まなければ」

客の「日常」を「特別」に変えるには何ができるのか、と考え抜いた。

厳格な父母のしつけも役立った。敬語、挨拶、一歩下がって人を立てる態度、いつしかサラリーマンも愚痴を話してくれるようになった。祝いや慰め、出会いと別れ、人生の節目節目を店で迎えてくれる人も少しずつ増えていった。日本人の会社員人生に触れ合うなかで桂仙さんにある思いが芽生えた。

「心を開いて向き合わなければ決してわかり合えず、信頼も共感も生まれない。在日と日本、境界線を作っていたのはもしかして私だったのではないか……」

歌との再会

母の言葉で少しずつ前を向けるようになる一方、父の体調は悪化していった。古鉄の卸売業に留まらず古繊維裁断、工場の賃貸で親族を支えた父は肝硬変を患い69歳で逝った。悔恨の念に苛まれた。両親に統一を届けたいとはじめた歌の道は断念し、父がやめてほしいと願った女将となった。

母は89歳まで生きたが在日一世は終生、植民地統治の宿痾から逃れることはできなかった。祖国統一の夢は叶わず、在日も南北に引き裂かれ対峙した。それでも父は民団とも総連とも分け隔てなくつきあい、最期まで日本を憎む態度を娘には見せようとはしなかった。消えることのない悲しみを乗り越え、日本人と隣り合って生きる姿は、「土深く根を掘る」という願いを込めて自分を「ケソン」と名付けた父の声なき遺言となった。

喪失を癒やしてくれたのは子どもたちだった。長女が小学生になったころ、店の上階に自宅を増設することができた。働く母のそばで暮らせることになったかれらたちのあまりの喜びように桂仙さんは涙を流した。失われた親子の時間を取り戻すため、桂仙さんは万博公園や宝塚の遊園地に連れていき、箕面山の散策に子どもたちを誘った。

一世の夫、二世の桂仙さんは、三世の子どもたちには朝鮮民族の精神を忘れてほしくないと朝鮮学校に通わせた。しかし高校からは日本社会に慣れるために日本の学校をすすめた。日本への帰化や国籍選択も自分たちで考えて決めるように伝えた。

サッカーをしていた長男が選んだのはプロ選手も輩出する和歌山の強豪校、それも100人近くの日本の高校生とともに暮らす全寮制だった。これまでの在日コミュニティを離れて濃密な日本人との関係のなかでうまくやっていけるのか、親として不安がよぎった。

だが長男は入学初日から本名を名乗り、すぐに周囲と仲良くなった。サッカー部ではベンチ入りを果たし、高校総体やインターハイに和歌山県代表として出場した。桂仙さんもママさん応援団に入り、長男の寮に自家製キムチや焼肉を送った。長男は在学中、自ら韓国籍を選んだ。国家のはざまで翻弄された桂仙さんは、我が子がみずから国籍を選び取ったことがうれしかった。

「私も夫も日本で育ち、学校で北朝鮮の教育を受けました。でも両親の故郷は韓国にあります。国籍を選ぶことは困難です。まして子どもたちの故郷は私に決められません。ただ分断に苦しみ、統一を願った一世の思いだけは引き継いでいってほしいと願っています」

女将だけでなく、母として日本社会に向き合うことで桂仙さんはかけがえのない出会いに恵まれるようになった。

長女も日本社会に早くなじめるようにと大阪の私立高校を目指した。そしてこの娘の高校こそが、封印してきた歌と再開するきっかけになる。桂仙さんはママさんコーラスグループに勧誘されたのだが、メンバーのなかに特別養護支援学級の先生をしている酒井誉里子さんがいた。桂仙さんが元歌手だったことを知り、酒井さんが「施設で歌ってくれませんか」と誘ったのだ。

向かったのは大阪と奈良の境にある金剛山の麓に広がる日本最大の障害者共生施設「大阪府立金剛コロニー」（現在は大阪府立こんごう福祉センター）。昭和45年に大阪府富田林市に開設され、設立当初の定員は国内最大規模の850人。知的障害のある人々がともに暮らす日本最大の生活共同体だ。

桂仙さんは緑豊かな森のなかの小径を抜けて施設を目指した。どんどん人里から遠ざかって不安になるころ、突然「街」があらわれる。広大な敷地に郵便局やスーパー、生活に欠かせない施設はすべてそろっていた。桂仙さんは、一般社会と隔絶されて生きる人々の多さに衝撃を受けた。案内された体育館には数百人が集っていた。ざわめき、走り回り、叫び声も響いている。桂仙さんは1914年（大正3年）に尋常小学校の教科書に載った唱歌『朧月夜』（作詞 高野辰之／作曲 岡野貞一）を歌った。

菜の花畠に　入日薄れ
見渡す山の端　霞ふかし
春風そよふく　空を見れば
夕月かかりて　にほひ淡し

里わの火影も　森の色も
田中の小路を　たどる人も
蛙のなくねも　かねの音も
さながら霞める　朧月夜

歌の演目が進むにつれ、体育館の会場は静まっていった。金剛コロニーで在日コリアンが歌うのははじめてだったという。

橋幸夫と吉永小百合の1962年のデュエット曲『いつでも夢を』をコリア語で歌いはじめると、走り回っていた入所者が腰を下ろした。

歌に呼応するように思いもしなかった言葉が会場からあがった。「私も韓国人や」「私は朝鮮人や」。会場は騒然となり、桂仙さんは鳥肌がたった。

「自分は日本を知らない。声をあげられない弱者の思いも知らない。そして社会に折りたたまれた襞のなかに生きる在日の方々の存在も知らない。なんて視野が狭かったのか」

こうして桂仙さんは長女の進んだ日本の高校を通して、金剛コロニーなどで少しずつ歌の活動を行うようになっていった。長女はいつも応援してくれ、桂仙さんの一番の理解者になった。

大学卒業後、長女は韓国籍を選んだ。親子で国籍が異なると我が子の未来が揺らぐ恐れもある。桂仙さんも子どもたちと同じ韓国籍にした。

「国籍は何でもいい。ただ自分とは何かをしっかり掴んでほしい。そのため一世を忘れないでほしい。自分のルーツ、一世の言葉を忘れずにいてほしい」

第3章　音楽大学で迎えた人生の第2幕

大阪音楽大学専攻科時代の金桂仙さん(右側)。オペラ「秘密の結婚」フィダルマ役

政治のために歌わない

1989年、金桂仙さんは不惑を迎えた。

韓国は民主化し、ベルリンの壁は崩壊。共産主義・社会主義陣営の盟主であるソ連は解体された。在日コリアンのあいだで祖国統一への期待が高まったが、1991年9月、韓国と北朝鮮の国連同時加盟は在日を絶望に追いやった。それは、統一の放棄と分断の自己承認を意味するものだった。

「愕然としました。ようやく、ようやく統一が近づいたと思ったのに……。冷戦が終わり、世界が動くのにどうして朝鮮半島だけが引き裂かれたままなのか。ショックでした」

韓国、朝鮮、韓国と国籍を変えた桂仙さんには、帰国事業で北朝鮮に戻った親友や親類がいる。南には両親の故郷がある。在日も南北に分かれたままだ。

「自分はこれからどう生きるべきか」と切実な問いが心に浮かんだが、日々の生活に追われるなか、もはや夢や希望のためだけに生きることは許されなかった。1996年、桂仙さんは47歳になった。焼肉店の経営は軌道にのっていた。義母の介護は終わり、子育ても一段落、家庭も落ち着いた。ようやく午前中に自分のためにコーヒーを淹れる時間を持てたとき、朝鮮半島では相変わらず深い分断の歴史が続いていた。

北朝鮮は核兵器開発に乗り出し、軍事力に国家の存続を懸けた。そのしわ寄せは国内の弱者に向かう。飢饉による多くの人民の餓死のニュースが日本にも伝えられ、難民が国境を越えた。終わらない南北の分断を前に、桂仙さんはふと自分の年齢に気が付いた。

「歌で統一を両親に届けたい」

押し込めてきた思いがよみがえった。桂仙さんはいまなら、本気で歌うことを再開できるのではと考えた。

「日本、韓国、朝鮮歌曲の夕べ」と銘打ったささやかなコンサートを仲間と開いた。当時も偏見を恐れ、本名で朝鮮歌曲を歌う在日の歌手はごくわずかだったこともあり、桂仙さんの元には「歌ってほしい」という声が細々と、だが途切れることなく寄せられるようになった。

この年、民団と総連が手を携え、合同で音楽の祭典を催したことがあった。大阪市も在日社会の分断をなくす萌芽として後援し、桂仙さんに出演を依頼した。だがこのときも、「朝鮮か韓国、どちらの立場から歌うのかはっきりしてほしい」と要請された。

歌手としての意識の軸足を38度線の上に置く桂仙さんにとって、選ぶことはできない。歌舞団の先輩から「なぜ迷うのか」と蔑まれ、民団から訝しがられても、どちらか一方のみを支持する「踏み絵」に足をのせられなかった。結局、出場を辞退した。

それでも桂仙さんは、歌で分断の歴史を乗り越えたいと願った。国連の「北朝鮮難民支援」の催しで、韓国と北朝鮮の政治色のない歌曲を歌った。神戸の高校の人権授業に呼ばれ、朝鮮半島の民謡を歌った。大阪・森之宮のピロティホールで北朝鮮の子どもたちへのチャリティコンサート

「コリア芸術祭」に参加した。南北に分かれた在日が音楽やアートでひとつにつながるワンコリアフェスティバルにも出演した。

桂仙さんは、朝鮮半島の民草を育んできた大地を描く『麦畑』を８００人の在日の観客に向けて歌った。韓国で最もポピュラーな歌曲は、東アジアの激動の現代史のなかで生まれた。朝鮮戦争中に海軍音楽隊員だった尹龍河《ユンヨンハ》が作曲、作詞は朴和穆《パクファモク》。休戦後にソウルで初演され、韓国が民主化された１９８７年には切手のモチーフになった。

麦畑の道を振り返れば　誰か吹く口笛の音色
私は立ち止まる　過ごし日が空しく口笛吹きながら
染まる夕日が目に沁みる

翌年５月、桂仙さんはある決意を固めた。

「これまで歌に導かれ、励まされ生きてきました。積み上げてきたすべてを失ってでも、歌で立ち向かわなければならないときがあります」

この覚悟こそ、桂仙さんがその後に歩む道を決めることになる。大阪の西梅田にできたホテル・リッツカールトンのオープニングを飾る、大阪梅田ロータリークラブ創立20周年式典に呼ばれた。台湾と韓国の国際ロータリークラブも招待され、関西の政官財の重鎮をはじめ、華僑や韓国の有力者が勢ぞろいすることになった。

韓国からも30名近い権力者、台湾からもほぼ同数の政治家などが参加する。当時歌の指導を受けていた日本の著名なテノールの先生から、日本と韓国と台湾の歌手が集うので歌ってはどうかと声をかけられた。

桂仙さんは選曲に頭を悩ませ、「このコンサートにおける歌の役割は何か」と思いを巡らせた。当然、韓国に寄り添う歌を選ぶべきなのだろう。だが抑え難い衝動が湧いてきた。

「いまも分断は終わらない。両親の祖国は南北に割かれたままだ。ただ歌うだけで分断は終わるのか。人生も折り返し地点。もう止めよう。止めなければ」

式典は日本の国歌『君が代』で幕を開けた。桂仙さんはステージに立った。はなやかな雰囲気が漂うなか300人が歌を待っていた。最初は韓国で親しまれてきた『麦畑』、続いて初代朝鮮歌曲の先駆者、洪蘭坡が作曲した『故郷の春』を歌った。

我が故郷は　花の園
桃に杏に姫つつじ
花の中で戯れた
ああ　あの村へ帰りたい

聴衆の拍手が会場に響く。韓国の有力者も得意げだった。桂仙さんは深く息を吸った。そして美しい旋律で知られる北朝鮮の歌『わが祖国』を歌いはじめた。もう後戻りはできない。自分の信念に従い、歌詞の一部を変えた。

山清く　水清く　美しい我が国
ここがまさしく　私が生まれ育った地
両親の愛の中で　より幸せになれる
統一された祖国で　幸せに暮らしたい

桂仙さんは「首領様」を「両親」に変えて熱唱した。

式典が終わった後、韓国の名士が言った。「なぜこの歌なのか、何か意図があるのか」

桂仙さんはその質問には直接答えることなく、会場を去った。後日、桂仙さんを推薦した先生を通して主催者側に苦情が寄せられたことを知った。伴奏したピアノ奏者も、今後の桂仙さんの活動に悪影響を及ぼすのでは、と不安を口にした。

桂仙さんは、歌も南北の分断にさらされている事実を突きつけられた。しかし「歌は美しく、国境はない」とした態度が韓国の有力者にも響いたのか結局、『わが祖国』の一件は不問にされた（北朝鮮には不敬罪があり、最高指導者の尊厳を傷つける行為は懲役や死刑に処される。韓国にも親北行為を取り締まる「国家保安法」があり、最高刑は死刑)。

「政治のために歌わない。自分が目指すところのために歌う」

文化事業に熱心だった総連女性同盟は桂仙さんに注目した。京都交響楽団と600人の在日女性コンサートを企画した。大阪を代表する楽堂、シンフォニーホールで開催することになった。桂仙さんは取りまとめ役を要望された。関西の在日音楽家を回り、演目を考えた。総連主催だったが、民団に属する歌手にも声をかけた。会場は満席、在日コリアンがこれほど大人数で集い、歌うのははじめてだったという。

金剛コロニーにも繰り返し通った。声がかかれば、どれほど小さなコンサートでも出演し、歌を届けた。桂仙さんは「失った自分」を歌で取り戻していった。

「歌っているときだけ自分が自分でいられました。女将、妻、嫁……与えられた役割の他にも、自らつかみ取った「役割」を生きたい。そして歌いたい」

はじめての北朝鮮

1997年の初秋、桂仙さんは新たな一歩を踏み出した。

それは、北朝鮮との決着をつける旅。政治に左右されず、歌で統一を目指すためだった。

朝鮮学校卒業後、ずっと北を信じてきた。自分の信念が間違っていないか、どうしても北朝鮮に立って目で確かめたかった。市民の暮らしを知り、その思いに触れたいと願った。

きっかけは、北朝鮮に暮らす親族との再会を目的にする１００人規模の在日訪問団の結成だった。大阪の在日自営業者が作った商工会が主催した。かつて韓国籍の在日は北に渡航できなかった。だが南北国連同時加盟により、北は門戸を開いた。

桂仙さんは、40年近く会えないままの友人や親族に会うため参加を決めた。首都平壌に入り、その後北朝鮮の東海（日本海）側最大の都市、元山《ウォンサン》を目指す10日間、はじめての海外旅行で準備は煩雑だった。日本での法的地位はあくまで「外国人」、再入国許可証がなければ北から戻れない。桂仙さんは複雑な思いにとらわれながらも申請手続きを行った。

高麗航空６０６便は名古屋国際空港を午後2時に出発した。チャーター便なので乗り換えはない。飛行機に乗り込んだ桂仙さんに、さまざまな思いが込み上げてきた。朝鮮学校に入り、学び信じてきた在日のもうひとつの祖国。歌手として訪問を願ったかつての憧憬の地。しかし国籍によって絶たれた歌の夢……。

国籍と分断の軛から逃れられなかった記憶が、次々によみがえる。ふと、飛行機の窓から見た光景にくぎ付けになった。青く広がる海には国境はない。誰のものでもない海の上で船が行き交う。雲は自由に流れ、どこまでも広がる群青色の空には何ひとつ遮るものはない。渡り鳥の群れが、彼方に見える。

日本海を北上し、ロシア領空に入ってから西に進路を変えた。「平壌到着時刻は午後4時50分を予定しています」。アナウンスが流れると機内は、再会を心待ちにする人々の歓声であふれ返った。「この旅で北の政治に希望を感じるかも……」。窓の向うに朝鮮半島が見えてきた。

午後5時過ぎに平壌順安《スナン》国際空港に到着した。わずか2時間40分で国境を越えていた。その後、バスで北朝鮮最高級とされる高麗ホテルに向かったのだが、政府関係者も乗り込み、終始、聞き耳を立てているように感じた。桂仙さんはホテルで再会した従妹の姿を見て驚いた。

「ああ、母の服……」

従妹は桂仙さんの母が10年も前に送ったセーター、スカートを大事そうに身につけていた。母は毎年、古着を集めスーツケースに詰めて北朝鮮に送っていた。当時北では5千円で家族4人が1か月暮らせるといわれた。母はスーツケースに日本円の紙幣を忍ばせていたのだった。

旅をともにする在日の参加者は皆、妻や子ども、兄弟や親との別れを経験していた。日本で懸命に働き、仕送りを続けていた。何年も会えなかった肉親のいる国を目に焼き付けようと、食い入るように景色を見つめた。桂仙さんは自然の美しさに目を奪われた。山の稜線は日本と違い、なだらかで優しい。

畑も広がっていたが緑がない。収穫の秋なのに、赤茶けた土以外見当たらない。

「いったい農民は何を食べているのだろう……」

平壌の中心には大同江が流れ、金日成を称える広場があった。主体思想塔が聳え立ち、金日成親子のモニュメントや像、国威発揚の勇ましいスローガンが街を覆っていた。

車窓から見る風景は日本とは大きく異なっていた。広漠とした車道に走る車はわずかで、桂仙さんには寒々しく感じられた。道路にできた穴をふさぐため、数十人の労働者が古びたシャベルを使って手作業をしていた。

ホテルのロビーで親類や友人とおよそ40年ぶりの再会を果たした。

「ソフトクリームが食べたい」

お茶をともにしたとき、親類のひとりが言った言葉がいまも忘れられない。日本では考えられないほど丁寧に一口一口、慈しむように味わう姿に桂仙さんの胸は締め付けられた。聞きたいことは山ほどあったが、どうしても口に出せなかった。

翌日、訪問団は迎賓館にあるモランボンホールと呼ばれる大宴会場に招かれた。先導する労働党の高官が乗り込む車はすべてベンツ。立派な服装や持ち物、福々しい顔つきは裕福な暮らしぶりを物語っていた。

ホールのなかは別世界だった。ふかふかの赤い絨毯が敷き詰められ、制作に何年もかかったであろう、精緻な刺繍が施された布が壁という壁を飾っていた。楽団が歌曲や踊りを披露し、一行をもてなした。しかし、かつて憧れの存在だった北朝鮮の楽団の姿に触れても、思っていたよりうまくないように感じた。

桂仙さんは歌手だったことを誰にも伝えていなかったが、同行した総連幹部が立ち上がり、「ありがとうございます。我が訪問団にも歌姫がいます。返礼に歌わせます」と突然、桂仙さんを紹介した。仕方なく、朝鮮半島の有名な民謡『ノドルの川辺』を披露した。1930年代に広く歌われたこの曲には、日本統治に苦しむ農民の心情と自由への願いが込められている。

ノドル川辺の　春柳
垂れた枝々に　無情な歳月の流れを
縛って結んで止めてみたい
春柳も頼りにならぬ
澄み切った水だけが　流れ流れゆく

ノドル川辺の砂浜
踏まれた足跡
長い歳月　雨風を経てきた名残だろうか
砂浜も頼りにならぬ
澄み切った水だけが　流れ流れゆく

拍手が湧き起こり、アンコールの声援が続いた。そして長身のスーツ姿の男性が近寄ってきて、「とても良かった」と握手を求めた。桂仙さんの周囲に緊張が漂った。金日成・正日父子の外交政策を支え、後の北朝鮮ナンバー2に上り詰めた金永南《キムヨンナム》だった。

3日目、ふたたび従妹が子どもたちを伴ってやってきた。最新の遊具をそろえて平壌市民に人気があるという万寿台遊園地に向かうことになった。

かれらは「世界のどこよりも素晴らしいんだ」と誇らしげに語った。着いてみると桂仙さんは目を疑った。メリーゴーランドもジェットコースターも、驚くほど古く感じた。回転するコーヒーカップは頻繁に止まる上に扉がなく、座席から子どもたちは放り出される始末。ジェットコースターは幾度も途中で止まった。それでも、かれらは嬉々として楽しんでいた。日本では廃れた遊戯も人気だった。コマ回しやハンカチ落としに夢中になり、走り回っていた。

桂仙さんは思った。

「子どもはどこの世界も変わらない。ずっと笑顔でいてほしい」

見知らぬ子の頭をなでようとした瞬間、従妹が言った。「触れてはだめ、シラミがうつる」。よく見ると靴下をはかず垢にまみれていた。

次の日の晩、友人が平壌で最も有名という中華料理店で歓迎会を開いてくれた。お店はビルの3階だがエレベーターは止まり、照明はなかった。夕暮れの残光を頼りに階段をあがる。店に入っても薄暗く、物寂しさが漂っていた。桂仙さんは食が進まず箸をおくと、従業員がさっとビニール袋を取り出し、料理を持ち去った。

暮らしはどうなのか、不安はないのか、日本への思い、友人は皆どうしているのか……。次々と質問が浮かんだ。だが、かれらの行く末を慮り、桂仙さんは本音を聞かなかった。

翌日、桂仙さんは叔父が住む元山に向かった。首都平壌から東へ200キロメートル。車で東に向かって一本道をひた走った。元山は新潟港と北を行き来する万景峰号の母港であり、北朝鮮に帰国した在日の人々が最初に降り立った地だ。あたりには畑が広がる。見渡す限り人工物が見えない。森と赤茶けた土だけ。途中で日が暮れた。街灯はなく、信号もない。アメリカの人工衛星に監視されないために家庭では夜間の灯火を制限しているため、日本で経験したことのない漆黒の闇が広がる。

「人の気配がまったくない」

風景は沈黙し、何も語らない。車のエンジン音以外まったく音がない。運転手に車を止めてもらい、外に出て思わず声をあげた。

「なんて鮮やかな空、見たこともない。星にこんなに色があるなんて」

北朝鮮の夜空はこの上なく美しかった。天の川が天を覆い、彦星もくっきり浮かび上がっている。全身を星で包まれたと錯覚するくらい空が近い。桂仙さんは車のボンネットに寝そべり、頬が切れるほど冷たい清涼な空気を吸い込んだ。しばらくのあいだ、夜空を眺めていた。

突然、涙がこぼれた。

道路でたまにすれ違うトラックの荷台には、労働者が押し黙って鎮座していた。ときおり、農具を担ぐ農民の隊列を見かけることもあった。

「前方に建物も畑もない。いったいどこまで歩くのだろうか?」

元山につくと、父の弟が待っていた。

桂仙さんは小学校のころからハングル文字が書けたことから、家族を代表して叔父に手紙を書いてきた。父母と兄弟で少なくない金額を送ったことも知っていた。だが叔父からの返信の第一声は、「全然足らない。もっと送ってほしい」というものだった。

旅の終わり、桂仙さんたち訪問団は北朝鮮に帰国した家族や友人と別れた。そこには、どんな言葉にも表現できない、深い悲しみ、さびしさ、むなしさの入り混じった熱い感情が渦巻いていた。

空港に向かうバスのなか、桂仙さんは泣いた。同乗者も皆、涙していた。「トランクに入れて帰りたい」と叫ぶ人もいた。大阪の自宅に着き、暖かい部屋に入ったとき、桂仙さんの目にふたたび涙があふれた。

最初で最後の北朝鮮への旅。そこで桂仙さんを待っていたのは、ふたつの祖国のはざまで呻吟する在日の苦悩だった。

「私が朝鮮籍で訪れる最後の旅でした。この目で見て、空気に触れ、肌で感じられてよかったです。でも日本に戻れない北に帰った在日の胸の内を思うと、悲しくなりました」

この旅を経て、桂仙さんは、歌うことで日本社会に根差すという新たな目標を掲げた。

日本の音楽大学に入る——最高齢の女子大生

「子どものころ、50歳というととても年配に感じましたね。でも実際、目の前にすると、まだまだ人生はこれから。宿題だらけでした。父母の祖国は分断したままで、日本と朝鮮半島の対立は終わらない。人生の折り返し地点を迎え、どう生きるか考えたとき、突然、背中からドンッと音楽大学という文字が飛び込んできたんです」

大阪音楽大学は1915年（大正4年）に創立された関西唯一の音楽単科大学で、延べ3万3千人以上の卒業生を送り出している。大阪の豊中市にあり、桂仙さんの自宅からも20分ほどだ。

抑え難い思いを夫に打ち明けたところ、「義父《チャンイン》に自分が演劇をやめても桂仙に歌を続けさせると誓ったが、いまさら、50歳近い年齢で何言ってんねん……。そもそもまわりの二世で、その年で、まして音大に進んだ人はおらんやろ」と同意は得られなかった。そんななか、父親に対する子どもたちの一言が桂仙さんの背中を押した。

「お母さんはずっと家族のために生きてきました。介護などで大変なときも音楽を忘れずにきたのでぜひ行かせてあげて。好きなことに挑戦させてください」

桂仙さんは、大阪音大短期大学部声楽科の推薦試験を受けた。20人の教授の前でイタリア古典歌曲『アマリリス』『ああ、なんと美しい絵姿』を歌った。1週間後、通知が届いた。「入学を許可する」。桂仙さんは飛び上がらんばかりに喜んだ。

大阪音楽大学短期大学入学時の金桂仙さん

「もう夢のようでした。まさか受かるとは……。バラ色ってまさにこんなときをいうのでしょうか。でも、日本の学校に行くのは小学校以来でしたので、不安でたまりませんでした」

48歳の新入生は入学生中、最高齢だった。大阪音大ではじめての在日コリアンの社会人入学だった。一度は反対した夫も歓喜した。桂仙さんの知らないところで飲み歩き、「俺のかみさん女子大生！」と自慢した。このニュースは在日コリアンの新聞で大きく取り上げられ、歌舞団の先輩や後輩も祝ってくれた。桂仙さんの後を追って入学試験に挑む在日も続いた。

入学式は立派なオペラハウスで行われ、声楽科の新入生およそ100人が参列した。全員、娘よりも年下で、教授も年上の方が少なかった。壇上の声楽担当教員は言った。

「守るべき伝統、決まりを守れば音楽は自由です。自分が解き放たれなければ誰かを楽しませることはできません」

心が躍った。これまで歌うことは義務感に満ちていて、「こうあるべき、こうしなければならない」と教わり続けてきた。それが「自由でいい」、何と素敵な響きなのだろう。桂仙さんは込み上げる気持ちをノートに綴った。

「結婚してからいつも『私』は一番最後だった。嫁、妻、母、女将、介護者……自分はいつも後回しだった。音大に入り、誰よりも『私』を一番に考えられる。夢のようでした。義母の自宅介護の2年間はまるで10年にもそれ以上にも感じられました。自分を失い、自分が壊れそうでした。何度も心が折れそうになりました。大阪音大が自由の翼をつけてくれたのです」

五月病

夜は女将を続けながらの大学生活がはじまった。ところが湧き立つ期待は、年齢の壁の前に急速に萎んでいった。「えらいこっちゃ」と思った高いハードルが語学だった。

大阪音大ではイタリア語、ドイツ語が必修だった。桂仙さんはコリア語がペラペラだ。日本語と語順も同じでネイティブよりも上手いと言われる。ところが外国語の勉強がまったく頭に入らない。

「すさまじい日々のはじまりでした。民族学校を出てから30年、さびついた頭に愕然としました」

授業が終わると家に直行した。女将業を終えた後、語学に時間を割いた。受験生のように辞書を引いて単語カードを作り、入浴中や食事中、通学中もぶつぶつと口に出した。それでも覚えることができない。前置詞に泣き、男性名詞や女性名詞の違いに「なんで区別がいるの」と毒づいた。

「こんな訳のわからない言葉で愛を語るな！」と楽譜に八つ当たりし、接続法や仮定法は「細かすぎて肩が凝る」とひとり突っ込みを入れた。授業中は「先生、当てないで」と全身に拒絶のオーラを漲らせた。母語を奪われ、夜間中学でひらがなを学ぶ在日一世の姿が脳裏をよぎった。

五月病になった。暗いため息を繰り返し、うなだれる妻を見て夫は言った。

「そんなに辛かったらやめてもええで」

一般教養の授業は新鮮だった。１００単位が必要で、哲学や西洋史、音楽史、心理学……取れる限りの科目を履修した。講義はハングルで書きうつし、授業後に辞書を片手に日本語で清書した。人の2倍の時間をかけた丁寧なノートが教授たちのあいだで評判になった。

「いままで教わったことのない内容はスポンジが水を吸い込むように体に沁み込んでいきました。楽しくて仕方なかったです。語学は大変でしたが、音楽に触れ、自分のことだけ考えられる。とても贅沢に感じました」

家では、日本の大学を出た娘がいろいろアドバイスしてくれた。桂仙さんは、時間とお金のありがたさを女将として身をもって知っている。授業料はおよそ百数十万円、1時間あたり換算で6千円。一秒も無駄にできないと集中した。

大阪音大では先生も同級生も在日コリアンの歴史や朝鮮半島情勢について詳しくはなかった。請われて教壇に立つこともあった。

数日後、廊下で呼び止められた。18歳の初々しい女子学生は小さな声で告げた。「私も在日ですが本名は名乗れません。日本社会に紛れて生きていきます」。桂仙さんは無言で彼女の肩を抱いた。本名で通学する桂仙さんは大学新聞でも紹介された。在学中、幾人もの学生に「自分も在日です」とそっと打ち明けられ、そのたびに「国籍を好きに選んで生きたらいいのよ」と囁いた。

ある日、授業の合間に校舎の中庭の芝生のベンチにひとり腰かけた。薫風が心地よく、いつしかまどろんでいた。ふと目を覚ますと、教室から世界各国の歌が聞こえてくる。教授や講師はヨーロッパやアジア各国で公演し、音大のオペラハウスには世界中から音楽家が招かれ、歌や演奏を届けてくれる。音楽で国境を自由に越える世界が目の前にある。桂仙さんは思った。

「私、金桂仙に戻れた。嫁でも母でも女将でもなく、いま、自分だけの自由な時間を過ごしている。介護でも子育てでも給料計算でもなく、自分だけの悩みに向き合えるなんて、これほど贅沢な自由があるのかしら……」

自由なしには人は生きられない。すべての判断、選択を自由に行い、望むまま行動できることは素晴らしい。だがすべての結果にひとりで責任を背負うことは、ときに耐えきれない重荷にならないか。思考を停止して多勢に同調し、他者の意見に流され時流に乗る方が楽なこともあるのではないか。

ユダヤ人の精神分析学者エーリッヒ・フロムは『自由からの逃走』でナチズム時代のドイツの危機的な状況を考察しながら、この「自由の重さ」に耐えかね、個性を放棄し権威に迎合する人間の弱さを指摘した。桂仙さんは「自由」とは何かを考え続けた。

「自由とは覚悟かもしれない。自分で選んだ歌の道を信じ、責任を果たしきる。歌に信念を込めることなのかもしれない」

同級生たちとの触れ合いは楽しかった。人生の先輩として、恋の悩み、結婚や進路の相談にのった。店でお腹一杯食べさせ、励ました。新入生歓迎コンパや卒業生追い出しコンパにも参加した。学園祭では、朝鮮半島の定番料理チヂミの出店を同級生と開いた。「金さんのチヂミ屋さん」と看板を掲げて彼女らがチマチョゴリ姿で接客し、一枚200円で売った。客商売はお手の物、あっという間に完売した。売上金を使って、皆で有馬温泉旅行を楽しんだ。

教授たちとも親しく交わった。授業が終わると子育ての苦労や世間話で盛り上がった。研究室にも招かれ遠慮しながらも昼食をともにした。教授会の打ち上げも桂仙さんの店で行われ、親交のあった先生たちはいまも集う。筆者の取材に対して口を揃えて語るのは、桂仙さんの音楽への熱意と豊かな人生経験についてだ。ある先生はこう話してくれた。

「私が投げかけた様々なことに対して、学ぶことの貴重さをわかっておられるから、すごく熱心ですよ。やっぱり年齢的な問題から音楽ひとつ覚えるのも時間かかりますし、勉強は年配の人にはちょっと厳しいところはありますけれどよくやってらっしゃいました。そして何より私たちよりも社会に揉まれ、成熟されていました」

日本歌曲との出会い

短大2年生の冬、日本歌曲の授業が本格化した。伝統の調べから見えてくる、それまで知らなかった日本文化の相貌。儚さと移ろい、一瞬一瞬を精一杯生きる命のきらめき……。

朝鮮半島の歌は高らかに感情を歌い上げるが、日本歌曲は悲しみも喜びも抑え、慎ましい。無声、間も多用される。いまも歌い継がれる日本歌曲や童謡の大半は明治、大正、昭和に作られた。ドイツに留学した瀧廉太郎が1901年（明治34年）に作曲した『荒城の月』。土井晩翠が作詞した哀切な七五調の歌詞と西洋のメロディの融合が、桂仙さんの心に響いた。

春高楼の　花の宴
巡る盃　影さして
千代の松が枝分け出でし

昔の光　今いずこ
秋陣営の霜の色
鳴きゆく雁の数見せて
植うる剣に照り沿いし
昔の光　今いずこ

「なぜこの言葉なのか、どうしてこの旋律なのか、いったいどんな思いが歌に込められているのか？」

歌いながら考え、考えながら歌う。歌を見つめなおし、とらえなおす。歌が作られた時代背景を調べ、音楽を通して日本の歴史に触れる。この国には朝鮮半島を侵略し植民地統治した加害の歴史もあれば、民衆が飢饉にあえぎ、犠牲になった被害の歴史もあった。

シャボン玉とんだ　屋根まで飛んだ
屋根まで飛んで　こわれて消えた

雨がふります　雨がふる
遊びにゆきたし　傘はなし

野口雨情「シャボン玉」や北原白秋「雨」などの童謡には、喪失と諦念の感情が滲んでいる。作られたのは1920年（大正9年）前後、恐慌に襲われた東北や山間地の子女が口減らしのために身売りされ、紡績工場の出稼ぎに送られた。そして女工たちの過労死が相次いだ。朝鮮民族は日本の植民地統治と軍国主義により言葉も歌も奪われたが、日本人も同じだった。1937年（昭和12年）、日中戦争を契機に言論・出版・文化を統制する内閣情報部が設置された。歌曲など芸術を通じて国威発揚を図ろうというプロパガンダ機関の役割も担った。平和を求める言葉は戦意を削ぐとして封殺され、個人の自由を求める歌は国家総動員の精神に反するとして禁止された。

代わりにもたらされたのは皇国日本を称揚する軍歌で、国民が永遠に愛唱すべきとして奨励された『愛国行進曲』（作詞 森川幸雄／作曲 瀬戸口藤吉）はこの時代、社会の隅々にまで響き渡った。

見よ　東海の　空明けて
旭日高く　輝けば
天地の正気　溌剌と
希望は躍る　大八洲
おゝ　清朗の　朝雲に
聳ゆる富士の　姿こそ

金甌無欠　揺ぎなき
我が日本の　誇なれ
起て　一系の　大君を
光と永久に　戴きて
臣民我等　皆共に
御稜威に副はん　大使命
往け　八紘を　宇となし
四海の人を　導きて
正しき平和　うち建てん
理想は花と　咲き薫る

一文字、一文字に宿された日本の歩みを想像しなければ、日本歌曲は歌えない。「物差しはひとつじゃない。違う尺度があり、違いが当たり前だとあらためて気づきました。歌は人々の心模様を映し出します。日本人がいかなる時代を生きたのか、歌が教えてくれました」

およそ40年ぶりに学ぶ日本の言葉。豊穣な言語の大海を泳ぎ、未知の単語と出会うたびに、新しい自分に出会ったような感覚が増してゆく。イタリア語やドイツ語と違い、自分が生きる国の言葉が自らの血となり肉となった。

「言葉は長い旅を続けてきたんですね。調べれば調べるだけ愛おしくなりました。もっと慈しみ、磨きをかけて自分だけの言葉を持ちたくなりました」

言葉がきっかけとなって、桂仙さんの日本への関心はさらに広がった。歴史や文化、風習や価値観……。気になることが積み重なり、自宅には本が山積みになっていった。

「私の大好きな言葉があります。『清々しい』。たった4文字で心根を表現できる、それも美しく凛とした漢字で。人生も青春、朱夏、白秋、玄冬と移ろいゆく四季で表現する日本文化は素晴らしい。相手を知ることで関心は深まり、相手への理解から敬意が生まれるのですね。

言葉を粗末にしてはなりません。言葉が人をつなぎ、言葉が歌を紡ぐ。確かな言葉が散りばめられた歌は人生を豊かにします」

あっという間に短大の2年は過ぎた。成績優秀者10名に選ばれ、卒業式で子どもを失くした母の悲しみを歌ったプッチーニのアリアを披露した。オペラ・アリアもドイツ・リートも日本歌曲も、体の一部になるまでには数年の歳月を要する。桂仙さんは指導教授に背中を押され、歌をもっと深めるため、大学編入試験の受験を決めた。

短大からの大学編入

このときは、夫も背中を押してくれた。「お店のことはええ。肩書でしか人を判断しない人もいる。行けるところまで行ったらいい」

一方、在日社会から「いい気になっている」と陰口も寄せられた。「日本の歌を学ぶなんて……」と面罵する知人もいた。「焼肉屋で成功し、その上大学にまで行けるなんて」と妬みの言葉をぶつけて去った友人もいる。芸術の世界は美しいだけではない。競争は厳しく、足の引っ張り合いもある。夫は「出る杭も出過ぎたら打たれへん」と慰めてくれた。

ところが、自信を持って臨んだ推薦試験に落ちた。諦めきれず、さらに難しい一般編入試験を受けなおした。プッチーニのオペラ『修道女アンジェリカ』のアリアと日本歌曲『かやの木山の』(作詞 北原白秋/作曲 山田耕筰)を歌い合格した。

ここで生涯の出会いがあった。多くの歌手を育てた天野春美先生だ。東京芸術大学で声楽を学び、イタリアや日本歌曲の第一人者として活躍してきた。凛としたオペラ歌手としての姿に多くの学生が憧れた。「私が求めてきた発声法だ」。桂仙さんは短大入学直後に受けた発声基礎講座で感銘を受け、ぜひ指導を受けたいと願っていた。恐る恐る電話し、門下生になりたいと告げた。受け入れてもらえるかどうか、50歳になるまでこれほど緊張したこともない。

願い叶って先生とのレッスンがはじまった。「好きに歌いなさい。自由に思い切り」。桂仙さんの発声、発音、抑揚、一つひとつに「こんな歌い方もある」と手取り足取り指導してくれた。50歳から学び直すことは辛かったが、誰にも見せることのできない自分の弱さを打ち明けられる師を得たことがありがたかった。

「この年で誰かに甘えられるなんて……先生に、生徒という役割に感謝します」

本物の芸術に触れなさいと勧められ、教授やプロの集う歌曲研究会に入会した。いままで恐れ多いと見向きもしなかったコンクールに応募するよう促され、経験が歌手を鍛えると公演の場を与えられた。桂仙さんは厳しい競争の世界を知った。ウィーンやパリへの留学経験者、アルバイト生活をしながらプロを目指す学生。レベルは高く、自信を喪失した。

東京のコンクールに桂仙さんも出場したが、緊張で思うように歌えず、音楽界の権威の空気に飲まれてしまった。競い合いの重圧に負けたことへの挫折感に打ちのめされた。恩師の期待に応えられない自分を責める桂仙さんに、天野先生が言った。「もっと失敗しなさい。失敗できることに感謝しなさい」

編入から2年が過ぎて大学卒業を前にしたとき、先生はさらに高みを目指しなさいと1年間の専攻科への進学を勧めた。桂仙さんは合格し、歌一色の日々となった。毎日、午前10時から16時まで音楽に取り組み、1年間を通して1時間半のオペラを作り上げる。歌詞をすべて丸暗記しなければならず、睡眠時間を削らざるを得なかった。

イタリア語との先の見えない格闘は続き、甲状腺がはれ上がり、微熱が治まらなかった。指導にあたる教授陣は厳しく、学部時代より格段に高い水準が求められた。一声一声、発音や抑揚を細かく指摘されるのだが、孫のような年齢の学生たちはあっという間に吸収し、歌詞もすぐに覚える。いつしか歌うことが苦痛になっていた。夫は言った。「4年間頑張って学部は終えたんや。

もう十分や。よくやった」

中退を考えた桂仙さんは、天野先生にすがるしかなかった。「先生、歌の先に何か待っているのでしょうか」。先生は答えた。

「50歳過ぎての専攻科、大変なのはわかっている。あなたは甘えることを学びなさい。辛いときはしんどいと言えばいい」

桂仙さんは音大でこれまで弱みを見せられなかった。逡巡しながらも、ともにオペラを作る学生、指導してくれる教授全員に、歌詞を覚えるのに時間がかかることを正直に伝えた。そして夏休みも返上し、1日の大半を歌に費した。寝る前はいつも泣きたい気持ちになった。

「なんで好き好んで、こんな辛いことをしてるのだろう。53歳にもなって、髪を振り乱してもがくなんて……情けない」

秋になった。練習はさらに熱を帯びた。感情を動かす気力も失った。いまもどこでどう過ごしたのか記憶がない。歌に追い詰められ、季節の移ろい、クリスマスや正月の華やいだ空気も感じることはなかった。そして寒く暗い冬が去ろうとしたころには、気が付けばオペラがすっかり体の一部になっているように感じられた、と桂仙さんは語る。

大阪音大の卒業式の後、天野先生はこう言葉をかけたという。

「よく頑張ったけどこれからが本番です。あなただけの歌の人生を歩んでいきなさい」

卒業後も天野先生の自宅に通い指導を受けた。桂仙さんは先生についてこう語る。

「音楽の枠を超えて、私がこれから生きていく上での羅針盤のような大事な方です。先生にお目にかかることによって、自分流に生きていいかなと思えるようになりました。言葉を大切にする。歌詞を伝えることの大切さを先生から教わりました」

天野先生も桂仙さんの歌に手応えを感じていた。

「歌は生涯をかけて追い求めるものです。金さんの歌の道はまだまだ続きます。大学がその道を太くしたのなら何よりの喜びです。御自身が在日であるという、心のなかの芯が大学で日本の歌を勉強することでより深くなったのではないでしょうか。日本歌曲の勉強をなさることで、彼女の韓国歌曲もより素晴らしくなるでしょう」

いつでも教えを請うことができる生涯の師との出会い。人生半ばでの貴重な学び直しの時間。日本の音楽大学が、桂仙さんの心の故郷のひとつになった。

第4章　揺れる日本社会で

――在日の子弟への思い

韓国ソウルの祥明大学に招かれた金桂仙さん(中央)

「民族の詩人」との出会い

新たに数多くの日本歌曲をレパートリーに加えた金桂仙さんは、活動の幅を広げようとしていた。これからはもっと、自分が暮らす日本社会に歌で分け入ろうと心を決めた。

桂仙さんが日本の音楽大学に入学して日本歌曲も歌うようになったことは、日韓友好を願う市民団体のあいだで話題となり、「ぜひ、歌ってほしい」とあちこちから声がかかった。人生の後半戦、失うことを恐れず前に踏み出すと、多くの出会いが待っていた。「民族の詩人」の発見もそのひとつだ。

1999年、桂仙さんが短大2年生のとき、同志社大学で開催されたある詩人を偲ぶ集いに招かれた。京都御所の北にある今出川キャンパス。19世紀に作られたレンガ造りの校舎が立ち並び、枝を張り巡らせた巨木に小鳥が集う。江戸時代に一里塚に植えられたエノキがそびえ、クロマツや梅の緑がレンガに映える。

荘厳なステンドグラスで知られる同志社礼拝堂、ハリス理化学館のあいだの小径を曲がると、錦鯉が泳ぐ正方形の小さな池が涼を誘う。その先に、大人の腰の高さほどのムクゲの木が植えられていた。韓国では、「無窮花《ムグンファ》」と呼ばれ、国花として愛されている。夏から秋にかけて、白い花びらと赤や紫に彩られる芯が人々を楽しませる。

この可憐な花に見守られるかのようにひっそりと佇む大理石の石碑を、桂仙さんは見つけた。

色とりどりの生花、そして韓国と日本の小さな国旗が淡い紅色のリボンで束ねられ、手向けられていた。石碑は桂仙さんの腰ほどの高さで、幅はおよそ1m、正面には黒曜石がはめ込まれている。右にハングル、左には日本語。桂仙さんは、文字をゆっくりと読んでみた。そこには生きることの意味を訴える清冽な詩が刻まれていた。

死ぬ日まで空を仰ぎ
一点の恥辱《はじ》なきことを、
葉あいにそよぐ風にも
わたしは心痛んだ。
星をうたう心で
生きとし生けるものをいとおしまねば
そしてわたしに与えられた道を
歩みゆかねば。

今宵も星が風に吹き晒される。

（訳　伊吹郷）

戦時中、同志社大学留学時に逮捕され、27歳の若さで獄死した朝鮮民族の詩人・尹東柱《ユドンジュン》。植民地統治時代の日本によって朝鮮語を禁じられても、民族の言葉を抱きしめた詩人の遺言を、桂仙さんは幾度も読み返し、ノートに書き留めた。

尹東柱は1917年、いまの中国・延辺にある朝鮮自治州で生まれた。ソウルで延世大学の前身、延禧専門学校に学び、卒業間際に詩「空と風と星と詩」を書いた。1942年（昭和17年）に日本の立教大学に留学し、秋に同志社に移った。翌年7月、朝鮮語で詩作を行い、独立運動を煽動したという治安維持法違反の容疑で、京都の下宿で逮捕された。

懲役2年の判決を受け、1945年（昭和20年）2月16日、福岡刑務所で服役中に亡くなった。日本の植民地統治下、朝鮮民族は言葉も文字も使用を禁じられた。奪われた故郷の言葉で詩を刻み、異国で命を奪われた尹東柱。その詩の言葉は時代や国家、民族を超えて読み継がれている。

尹東柱が永眠してから50年後に、同志社大学のコリアクラブが建立した石碑の前で、桂仙さんは純白の民族衣装に身を包んで『鳳仙花』を歌った。踏みにじられ、枯れてもよみがえる朝鮮民族の願いが込められ、独立と抵抗の象徴として歌い継がれてきた調べを尹東柱に捧げた。同志社大学学長も参列し、目を閉じて聞き入っていた。自国の加害の歴史に向き合い、被害者を悼む日本の大学人の態度に桂仙さんは打たれた。

「行動する良心」。かつて民主化を求め、死を賭して韓国の軍事独裁政権に立ち向かった大学生たちの合言葉がよみがえる。身を挺し、信念を貫いた同胞たちの言葉が桂仙さんを揺さぶった。

お前に覚悟はあるのか、歌う資格はあるのかと問いかける。

「衝撃でした。一つひとつの言葉が触れれば血が噴き出るほど研ぎ澄まされ、清らかでした。朝鮮民族であるがゆえ、より切実に生きる意味を求めたのでしょうね。自分の生き様が強く問われているように感じました」

過去と現在をつなぐ歌

『長崎の鐘』『六甲おろし』『湖畔の宿』『別れのブルース』……。

懐かしいメロディーが、響きわたる。300人を超える日本の高齢者が体を揺らして歌を口ずさむ。JR大阪駅前に広がるオフィス街の一角にある、ホテルのホール。桂仙さんは、気心の知れた4人の日本人の音楽仲間と「懐かしい昭和の歌」と題したコンサートに出演した。真紅のドレスに身を包んだ桂仙さんは、戦争で傷ついた人々を癒やした昭和10年代・20年代の歌謡曲を楽しんでもらいたいと考えながら、静かに出番を待った。

「本日は目上の方が大半を占め、非常に緊張します。歌の失敗も人生の先輩方にはすぐに見抜かれます。皆さん、戦争を経験し、言いようもない苦しみを経験されました。歌で青春を描いてほしいと願い、歌います」

共演する日本人は30代から50代、戦争という激動の時代を知らない。だが桂仙さんにとって、

「昭和」は特別な意味を持つ。父は昭和がはじまった年に日本に渡り、戦争の時代に巻き込まれたのだった。だから、昭和を歌うことは父を追憶することであり、在日コリアン一世へオマージュを捧げることでもある。

在日の歌手は桂仙さんただひとりで、本名で出演した。『青い山脈』を歌い、合唱を呼びかける桂仙さんの声が小さな波紋を起こし、やがて舞台と客席の声が重なり合い、国籍を超え、民族を超え、会場に集う人々の心は一体となる。

『うちの女房にゃ髭がある』。日本人歌手と桂仙さんのデュエットがはじまった。昭和11年に流行った同名の日活映画で描かれた恐妻家のサラリーマン夫婦のドタバタ劇、口ひげをつけた桂仙さんはアドリブたっぷりに夫役を掌で転がす。

「ええぞー、実生活がにじみでてる」

「いいえ、本当はもっと怖いですよ」

当意即妙、阿吽の呼吸、丁々発止の呼応の妙。遠慮のないやり取りに会場は笑いに包まれる。間髪を入れずに桂仙さんは呼びかける。「さあ、『丘を越えて』を御一緒に！」

丘を越えて　行こうよ
真澄の空は　朗らかに　晴れて
たのしいこころ

鳴るは　胸の血潮よ
讃えよ　わが青春《はる》を
いざゆけ
遥か希望の丘を越えて
（作詞 島田芳文／作曲 古賀政男）

「青春の歌声喫茶やね。必死で生きた時代やったわ、この辺りも闇市あったんや」

「あのころはチョウセン、チョウセン言われて在日は苦労しはったな、いまもワーワー言うのおるなあ、かなわんなあ」

「歌ったら若返ったわ、昭和は遠くなったけど、久しぶりに聞いたらええ曲ばっかりや」

歌が過去と現在をつなぎ、人と人をつなぐ。歌はいつでも戻ることのできる心の寄る辺であり、生きる励みを聴衆に与える。コンサートが終わり、桂仙さんのまわりには幾重もの人の輪ができた。一人ひとりに頭を下げ、桂仙さんは語りかけた。

「在日にとって、日本はかけがえのない故郷です。日本の方々と歌でつながり、互いの理解を深める一助になれればと思っています」

南北首脳会談、韓流ブーム、拉致問題

21世紀になった。戦争から半世紀以上の歳月が流れた。朝鮮半島では、反発を続けてきた南北関係に歩み寄りの兆しが見え、統一を願う在日コリアンの期待も高まった。2000年6月13日、韓国の金大中大統領が平壌を訪問し、南北首脳会談が実現した。朝鮮戦争で戦火を交えてから50年ぶりの直接対話。朝鮮半島統一の自主解決の道について前向きに議論され、1千万人近い離散家族の相互訪問や文化交流が活発化した。

在日と朝鮮半島の距離も近づいた。北を支持する在日は国家保安法のある韓国への渡航は難しく、南を支持する在日は北朝鮮の家族と再会しづらい時代が続いてきたが、この首脳会談以後、故郷訪問団など渡航の機会が少しずつ広がった。

日本と韓国の交流の機運も高まった。2002年、日韓合同でサッカーワールドカップを共催。会場となった日本各地のスタジアムには、近くて遠いといわれた韓国から多くの観客が訪れた。在日サッカー選手の活躍も話題になった。日本では韓国のドラマや映画が人気になり、「韓流ブーム」が列島を席巻した。K-POPも爆発的にヒットした。人気のテレビドラマ『冬のソナタ』ロケ地への訪問ツアーが活況を呈した。

韓国でも、軍事政権時代に禁止された日本の音楽が解禁された。若者を中心に日本熱が高まり、アニメや和食ブームが起きた。日本は北朝鮮との交渉にも踏み切った。2002年9月17日、

平壌ではじめて日朝首脳会談が行われ、国交正常化への期待も高まった。

だが、分断の宿痾がまたしても在日の悲願を打ち砕いた。北朝鮮の金正日総書記は、小泉純一郎総理に長年、否定していた日本人の拉致を認め謝罪した。当時日本政府が認定していた拉致被害者13名のうち4名は生存、8名は死亡、1名は北朝鮮入境が確認できないことを伝えた。

在日社会に激震が走った。もうひとつの祖国が同じ社会でともに暮らす日本人を誘拐し、異国に強制的に連行し、人生を奪った。日本の植民地統治時代に受けた同じ苦しみを知るだけに、在日の人々は深い絶望感に襲われた。北を支持する総連からの脱退者が相次ぎ、日本への帰化者も増えた。桂仙さんもまた罪の意識に苛まれた。

「どれほどショックだったか……。耐えきれませんでした。民族学校を卒業し、プロとして北の歌を歌ってきただけに辛かったです」

この瞬間、日本と北朝鮮の関係は入れ替わった。植民地支配の加害国は拉致問題の被害国になり、在日に対する嫌がらせ事件が急激に増加した。朝鮮学校に通う女子学生の制服が電車内で切り裂かれ、つばを吐かれた。「殺す、出ていけ」と記された脅迫状が学校に送りつけられ、生徒の安全を確保できないと休校に追い込まれることもあった。

本名で生きる在日コリアンの数は日に日に減っていった。歌の世界も無縁ではいられなかった。在日の音楽家は出演を断られ、プロの歌手は通名を使うことを求められた。テレビやラジオからK-POPは消え去り、韓流ブームは遠ざかっていった。

日朝首脳会談後、日本・北朝鮮・韓国の分断は逆に深刻化していった。北朝鮮は核実験に踏み切って国際社会から孤立、日本は歴史認識と領土問題をめぐって韓国と軋轢を深めた。その韓国でも日本への反発が急速に高まった。

2003年、盧武鉉大統領が歴史問題の清算に着手した。日本の植民地統治に協力したとされる人々を「親日派」として追及するために、2005年に「親日反民族行為真相究明委員会」を発足させた。委員会の名簿に記録された親日派は売国奴として徹底的に糾弾され、財産を没収され、築き上げた社会的地位も失った。

桂仙さんが歌ってきた『鳳仙花』の作曲家・洪蘭坡も「親日派」とされた。日本で学び、祖国の独立運動を機に朝鮮半島に戻り、植民地統治で滅ぼされた祖国・民族・人間の尊厳の回復を祈る歌を作った。それにもかかわらず、洪蘭坡は日本統治への協力を命じられ、軍歌を作曲したことで「売国奴」のレッテルを貼られた。

日本軍に要請され、京城放送管弦楽団の指揮者として『愛馬進軍歌』『皇国精神にかえれ』を指揮し、『太平洋行進曲』を演奏するなど、日本の軍国主義に音楽で奉仕した事実は確かにある。だが、委員会が指弾するように、洪蘭坡は自ら進んで「反民族的行為」を行ったのだろうか。国家に抗うことが死を意味する時代、生き抜くために権力に服従することは罪なのか。人間はそれほど強い存在なのか。そもそも戦争において絶対的な善と悪などあるのだろうか。歌が政治の力によって一方的に断罪されることが、桂仙さんには辛かった。

韓国・済州島への旅

2005年、56歳になった桂仙さんは、夫の実家の墓参りのためにはじめて韓国・済州島へ渡った。

桂仙さんの父母の故郷も韓国にある。「北、南、在日。自分はいったい何人なのか」。心が揺れ続けて半世紀、いつの日か韓国の風景を自らの目に焼き付け、空気を吸いたいという思いが募ってきた。大地を踏みしめ、この手で土を撫でたかった。南の親族と言葉を交わし、自らのルーツを確かめたいと願うようになった

だが韓国という国は遠かった。朝鮮学校で学び、総連系の歌舞団で歌っていたころは、韓国旅行など考えられなかった。だから、夫とともに「もうひとつの祖国」に行けることに心が躍った。日本酒やたばこ、化粧品など親族に喜ばれそうな土産物をスーツケースに詰める。北朝鮮に向かう旅と違い、出発前の張り詰めた緊張はなかった。

10月下旬の秋晴れの午後、関西国際空港からソウルに飛び、済州島行きの国内線に乗り込んだ。紺碧の空と大海原が窓の外に広がる。夫は51年ぶりの故郷。6歳で父を失い、荒れ狂う玄界灘を越えて母とふたりで日本へ渡った。母を連れての帰郷は、ついに叶わなかった。桂仙さんにとってもはじめて訪れる父母が生まれ育った国、こみあげる思いをかみしめる。いまは韓国籍で韓国のパスポートを持っているので、入国には何の問題もない。

「北朝鮮と同じです。なんて近いのでしょう。なんて早いのでしょう。あっという間です。国籍の、国家の壁で56年も行けなかったのに……」

済州国際空港から一歩外に出ると、ほのかな潮の香をのせた風が頬をなでた。匂い立つような緑の山、群青色の海、雲ひとつない蒼穹。そして飛び交う朝鮮民族の言葉。桂仙さんは解き放たれるような感覚に満たされた。

「ゆったりした空気、懐かしい空気、みんな韓国人、そのなかに自分がいる」

桂仙さんは夫とその親族とともに車に乗り込んだ。済州島は韓国で唯一の世界自然遺産に登録され、島の中央に標高1950mの漢拏山《ハルラサン》が聳え立つ。雄大な山の稜線を眺めながら1時間ほどのドライブの後、車を降りた。

初秋にも関わらず、刺すような強い陽射しが降り注ぐ。さっそく墓参りに向かったが、道は荒れていた。夫の父が眠る共同墓地は小高い丘の上にあった。鬱蒼と生い茂る草木をかき分け、汗だくになり、ひたすら上ると突然、視界が開けた。どこまでも続く畑、草を食む牛や馬、甘酸っぱい香りを漂わせるミカンの木々、身を寄せ合うように民家が集まる集落、平和でのどかな島人の暮らしがあった。

夫は深々と息を吸い、一歩一歩踏みしめるようにしてゆっくりと父の眠る墓地に近づいた。こんもりと土がもられた小山に土葬されていた。夫は何も語らず、墓を静かに撫でた。気温があがり、汗が止まらなくなっても墓と声なき対話を続けた。桂仙さんは黙ってそばに立っていた。

その夜、桂仙さんは嫁として親族を招き、宴席を設けた。集まってくれた30人近くを前に御礼の挨拶を届けた。親族は在日二世の桂仙さんの流暢なコリア語に驚いた。「どうして在日なのに話せるの、すごい」

コリア語は幼いころ両親から学んだ。朝鮮学校でも教わった。体に染み付いた「母語」は日本語と何ら変わらない。自分では当たり前のことが褒められることにかすかな違和感を覚えたという。

「うまく表現できないのですが、何かさびしいような、見えない距離を感じました。決して冷たくされたとかではないのですが……」

次の日から親類の墓参りで済州島を走り回った。10か所以上を訪れ、祈りを捧げた。かつて冷戦の前哨戦の舞台となり、親子、家族、親類同士が引き裂かれ、同じ民族同士で憎しみあった島。夫が故郷を再訪し、亡き父に会い、自分の原点の地を歩く喜びに身を震わせる姿に桂仙さんは胸を熱くした。3泊4日の旅の日々はあっという間に過ぎていった。

だが、それは「在日と韓国の隔たり」を意識させられる旅にもなった。韓国には「半《パン》チョッパリ」という在日を侮蔑する言葉がある。チョッパリは日本人を蔑む言葉だが、半チョッパリは在日に向けられた。自国の言葉も満足に話せない「半端者」との意味を持つという。

かつては在日の旅行者が韓国の入国時に、入館職員から「言葉ができない上に、徴兵から逃れ、兵役も知らない『非国民』め」と蔑まれることもあったという。日本が朝鮮戦争を踏み台に高度成長を成し遂げたことへの恨みも、在日差別に拍車をかけた。

桂仙さんは朝鮮学校に通っていたころ、はじめて半チョッパリという言葉を聞いた。当時は日本人と在日のあいだに生まれた子どもを意味した。桂仙さんは言葉にできない不条理を感じたと話す。

「半チョッパリに対し、民族学校であからさまな差別はありませんでしたが、母親が日本人の子どもは無口でした」

北朝鮮に旅したときも在日は「帰胞《キーポ》」と呼ばれ、区別されていた。この旅の後、桂仙さんが友人とソウルへの観光ツアーに参加したときも、在日と韓国の溝を感じる出来事があった。

買い物を楽しみに、日本人観光客でにぎわうソウルの南大門市場を歩いていたときのことだ。豚の頭や魚の干物、韓国のソウルフードや民族伝来の仮面などの工芸品を扱う大小約1万近くの店がぎっしり立ち並ぶ。桂仙さんたちは「こんにちは。いらっしゃい」と日本語で話しかけられた。コリア語で返答したところ、「すごい日本人だ。なぜそんなに言葉ができるのか」と質問された。「私は在日です」と言うと、店員は「在日は日本人だ」と言い返してきた。桂仙さんは愕然としたという。

在日の生きづらさ

「私は日本生まれの日本育ちで故郷は大阪の吹田市。でもルーツは韓国であり、教育は北を支持した民族学校でコリア語を学ぶ。味噌汁も漬物も好きだけど日本では在日、韓国に行けば日本育ちは韓国人ではない。私は民族の言葉を話し、両親から受け継いだ民族への誇りがあるのに、ここでは日本人と見なされる。……半チョッパリ、これが私たち在日の「いま」なのでしょう」

日本では外国人とされ、朝鮮半島では日本人にされる。日本でも朝鮮半島でも学校で決して教えられることのない在日の歴史。自分たちの父母たちはなぜ、祖国から日本に向かったのか、どうして戻れなくなったのか。理解されない「在日の理由」。

「私とは何か」という答えを探し求めるようにして、両親の祖国に立った桂仙さんは無性に悲しかった。

「いったい自分は何人なのか。日本人なのか韓国人なのか。在日は風にたゆたう、根無し草……」

この時期、日本社会は閉塞感に覆われていた。隣国との関係で不協和音が高まるなか、バブル崩壊がもたらした「失われた20年」と呼ばれる経済低迷期に入り、世界第2位の経済大国は2011年、名目GDPの順位で台頭する中国に追い抜かれた。また、90年代後半の経済危機から脱した韓国にも技術面で猛追を受けた。人心が荒廃する社会の空気が生まれ、特定の民族や人種、社会的少数者への憎悪を煽るヘイトスピーチが、街頭で公然と行われるようになった。

「慰安婦問題はなかった。職業として進んで体を提供した」

「在日は進んで日本にやってきた。徴用はなかった」

「日本の植民地統治は韓国発展の基礎となり感謝の声もある」

「韓国は日本をなめている。もう一度懲らしめなあかん」

歴史的事実に基づかない無責任な暴言の連鎖が少しずつ、確実に社会に浸透していった。史実を意図的に捏造したり矮小化したりし、一側面を誇張する行為は「歴史修正主義」と呼ばれる。誤りを指摘できるのは一部の専門家だけで、普通の人々には正否の判断がつかない。

これこそがヘイトスピーチの危険な温床に他ならない。社会通念として定着した公的な歴史認識に対し、あたかも議論に値する別の解釈が存在し、耳を傾ける価値があると唱道することで、これまで時間をかけて議論を積み上げ、社会で共有されてきた歴史認識と同じ土俵に這いあがる。

歴史修正主義とヘイトスピーチは、はなから自らの主張を立証する責任を負う気はない。批判に対しては「表現の自由」を錦の御旗に掲げ、言い逃れる。悪意に満ちた熱気と迫力、短くてわかりやすい説明。ヘイトの主張が繰り返されるうちに人々の認識は揺らぐ。こうして社会に受容され、「もうひとつの真実」の地位を手に入れる。桂仙さんは言う。

「どうしてヘイトスピーチは広がるのでしょうか。日本は明治から昭和にかけての日本の海外進出の歴史、朝鮮半島の統治の過去を学校で教えているのでしょうか。話し合う共通の土台が歪んでいると、認め合うことは難しくなるのではないでしょうか」

この間、韓流ドラマばかり放送するとして東京の民放局が抗議するデモ隊に囲まれたこともあった。

「自分にできることは歌しかない。声をあげられない人のために歌で寄り添いたい」

本名で歌う在日の歌手として桂仙さんはそう誓ったが、日本社会で舞台にあがる機会は減っていった。

越境人を目指すコリア国際学園

2005年の暮れ、桂仙さんはさらなる喪失感を味わった。日本初の外国籍弁護士、在日コリアン二世の金敬得氏が逝去したのだ。桂仙さんと同じ1949年、和歌山県でメッキ職人の次男として生まれた。在日であることを隠しながら幼少期を過ごし、大学進学を果たした。だがその出自ゆえに、希望した職業への道は閉ざされた。

在日の未来を切り開きたいと一念発起し、司法試験に合格したが日本国籍でなければ司法研修所に入れないことを知らされた。しかし逆境に屈することなく国籍条項を撤廃させようと声をあげ、日本初の外国人国籍の弁護士になった。

指紋押捺拒否事件や慰安婦戦後補償問題に取り組み、差別に苦しむ在日に寄り添い、人権擁護の実現に56年の生涯をささげた。

「自分は探すものではない、悩み抜いてつくるもの」

自らの人生を切り開いた金敬得弁護士は亡くなる直前、分断の歴史の呪縛から在日の未来を担う子どもたちが解き放たれることを切望した。2005年には、日本が海外の植民地獲得を本格化する足がかりとなった日露戦争から100年目だった。

金敬得氏はあるシンポジウムに呼ばれ、病躯をおして「日本と朝鮮半島、南北の分断を乗り越える学校を作りたい」と夢を語り、在日ではじめての民団と総連の分断を超えたインターナショナルスクール「コリア国際学園」の設立を訴えた。シンポジウムには桂仙さんも参加し、祖国統一への願いを込めて『イムジン河』を歌った。

コリア国際学園が目指すのは「越境人」の育成。そして、3か国語の徹底教育を掲げる。6年間の中高一貫で基本言語はコリア語、日本語、そして英語。特に力を入れる英語には、日本の一般公立校の3倍の授業時間を割く。歴史も国語も北朝鮮・韓国・日本の教科書をそのまま使う。先生も生徒も国籍不問。在日をはじめ、日本とアジアの生徒がともに学ぶ。

学校設立の背景には、民族学校に入学する在日子弟の減少があった。二世、三世から四世、五世と世代交代が進み、日本へ帰化する者も増えるなか、2006年の北朝鮮のミサイル発射実験などで北と日本の対立が深まったこともあり、在日子弟が日本の学校に進むケースは増加の一途をたどった。この状況に、多くの在日二世は心を痛めた。

「一世は幾多の困難を乗り越え民族学校を作り、言葉や文化の存続を願ったが、その一世の記憶や思いが刻一刻と薄れてゆく」。桂仙さんは同じ時代を生き、差別に身を挺して抗った金敬得氏の遺志に在日コリアンの未来を見た。

「教育は民族の未来そのもの。統一に近づくには次の世代を育てることが二世の責任。韓国、北朝鮮、日本、在日はいつも国家に左右されてきました。在日朝鮮人と在日韓国人と日本人がともに学べる学校には希望が持てます。父も朝鮮学校に私財を捧げましたが、一世と三世以降の溝は広がる一方です。一世の思いを引き継ぎ、在日のルーツを知ることでイデオロギーに左右されない揺るがない『自分』を持てる学校の設立にわくわくする思いでした」

だが在日社会における南北分断の溝は深かった。コリア国際学園の設立に称賛する声も出る一方、60年近く続く北朝鮮と韓国の亀裂を乗り越えることは不可能と激しく反発する意見も多かった。桂仙さんも評議員就任を要請されたが、朝鮮学校の先輩から「裏切り者!」と怒鳴られた。

学校設立のための土地の確保も、資金集めも難航した。日本社会の受け止めも賛否分かれ、越境の理念を評価する人もいれば、「反日教育」の拠点はいらないと反対運動も起きた。学校の候補地が決まるたびに「(北朝鮮の)スパイ養成学校は出ていけ」などの看板が立てられた。

2007年5月、大阪・茨木市にあるホテルで設立準備大会が開催された。現在の北朝鮮で生まれ済州島四・三事件に巻き込まれた詩人・金時鐘氏、著名な政治学者で東京大学教授(当時)・姜尚中氏など、およそ120人の錚々たる賛同者が日本各地から参集した。在日だけではなく、日本人の実業家や学校教師も参加した。桂仙さんは新しい学校に統一への願いを込めて、韓国で知らない人は誰ひとりいないと言われる曲『なつかしの金剛山《クムガンサン》』を歌った。
初演は１９６２年。韓国国営放送局ＫＢＳが統一を願い、詩人・韓相億《ハンサンオク》に作詞を依頼した（作曲崔永燮）。１９７２年、北朝鮮と韓国の歩み寄りの期待が高まった赤十字会談や、85年の南北離散家族故郷訪問・芸術団公演でも歌われ、両国の市民のあいだに歓喜の渦を巻き起こした。韓国では国民歌曲になったが、北朝鮮では歌詞が敵対的だとして禁じられている。

誰の姿であろうか　清く美しい山
恋しい万二千峰々　言葉はなくても
今こそ自由万民　襟を正し
その名を再び呼ぶ　恋しい金剛山

数万年　美しい山
汚され　幾星梅霜
今日こそ　訪れる日が来たのか
金剛山は　呼んでいる

毘盧峰の峰々　昔のままだろうか

白い雲　そよ風にも　無心に流れ
足下に山海万里　姿なく
我々の堪え難き悲しみが
癒える時まで

翌2008年、コリア国際学園は入学式を迎えた。26人の生徒が新たな一歩を踏み出したがまだ校舎はなく、会場はホテルだった。学園はNPO法人としてのスタートで、保護者や応援者のなかには不安を口にする人も少なくなかった。

式の翌日、新入生は大阪港からフェリーで玄界灘を渡った。韓国の学校に間借りして半年後の校舎完成を待つことになった。そして秋、大阪の万博公園の北部にある緑豊かな森を切り開き、校舎と運動場が完成した。桂仙さんの両親が眠る箕面山の麓の墓地はすぐそばだ。この直後、7年ぶりの南北首脳会談が行われた。

2007年10月2日、韓国の盧武鉉大統領が北朝鮮の平壌を訪れ、金正日総書記と会談を行い、朝鮮戦争の終戦宣言と平和協定を目指すべきとの認識で一致した。新入生は沸きたった。

「私たちの学校を祝ってくれたようでした。最初は教室も先輩もいない。日本と南と北の架け橋になりたいと思って入学したけど不安で転校も考えました。でも自分の選択は間違ってなかったと思えました」

だが希望は続かなかった。盧武鉉政権の退陣後、李明博政権は対北強硬路線に転じ、反発した北朝鮮は弾道ミサイル発射実験を再開した。韓国も「独島」の領有権や日本の植民統治下の強制労働に対する個人賠償などをめぐり、日本への対決姿勢を鮮明にした。一方、日本でも南北への反発が高まり、憎しみの矛先は在日コリアンに向けられた。学校への嫌がらせは激しさを増し、コンクリート2階建ての校舎に腐った野菜が投げつけられることもあった。

その後も入学者は増えず、廃校の危機と隣り合わせの日々が続いた。理想と現実は違うと去ってゆく教師もいた。そんななか、未来につながる道をしぶとく切り拓いたのは生徒たち自身だった。卒業生は日本や韓国や欧米の大学に次々と合格し、国境を越えていった。日本人の入学者も少しずつ増えていった。在学中に生徒会長を務め、ソウルの大学に進んだ日本人ＯＢに話を聞いた。

「日本の若者のなかにもコリア語を身につけ、韓国と関わる仕事を目指す人もいます。でも民族学校はハードルが高すぎます。南北どちらか一方に染まりたくないし、この学校なら国の違いはそのまま尊重される、そこが良かったです」

桂仙さんは言う。

「子どもたちは限りない可能性を持っています。学校は何の条件もつけずかれらの存在を認めること、そして待つこと、こうなってほしい、こうあるべきと自分の理想を口にせず、自分で動く日を待つ。この学校の子どもたちが一世の思いを励みに自ら統一を思い、実現してくれることを願います」

「行動する良心」に届ける歌

人の輪が広がるなかで、桂仙さんは命がけで祖国統一を願ったある在日コリアンと出会った。

元死刑囚の康宗憲さん。医者を目指して韓国留学中に北朝鮮の手先であるとして逮捕された。凄惨な拷問の末にスパイの罪をねつ造され、死刑判決を受けた。獄中で13年間を生き抜いた。韓国の民主化による恩赦で日本に帰国。大学院に入り国際政治学の博士号を取得した。大学教員になり統一への道のりを研究するための韓国問題研究所を立ち上げた。コリア国際学園の関係者とも親交があり、ときおり桂仙さんの焼肉店に顔を出すようになった。

いったいなぜ、在日の若者は軍事独裁下の韓国に留学したのか、どうして死刑を宣告されなければならなかったのか。元死刑囚の康さんの生き様は、在日ゆえに背負わされた不条理を浮き彫りにする。

康さんは桂仙さんの2歳年下で大阪の生野区で育った。貧窮する暮らしよりも苦しかったのは差別だった。

「周囲の大人から、『汚い朝鮮人』と言われることが耐えられなかったし、いまでも忘れられないのが小学校2年のとき、同級生に投げつけられた言葉です。『おい朝鮮、おまえ朝鮮やろ』、ものすごい汚いものを見るような目でね」

自分の価値を認めさせたいと日本の高校に進み、勉強とスポーツに打ち込んだ。やり場のない悔しさを日記に綴った。

「日本で在日として恥ずかしくない待遇を受けるには、民主化され平和的に統一された立派な祖国を持つ以外にない」

このころ韓国の学生が民主化運動を弾圧する軍事独裁に抗議するため焼身自殺したニュースをたまたま見た。康さんに抑えがたい衝動が湧き起こった。

「同じ年齢の同胞が命を懸けて闘っている。そばにいたい、傷ついた人々のために役立ちたい」と韓国留学を決意し、ソウル大学医学部に合格、希望に燃えて韓国に向かった。

「想像していた以上の分断の傷を肌で感じました。同じ民族、兄弟にもかかわらず、徹底した敵意と不信が韓国社会に満ちている。軍事政権が社会のすべての動きを一切掌握し、北がいつ攻めてくるかわからないというムードを醸成しながら政権の正当性を主張していました」

1970年代、韓国では臨戦態勢が敷かれ、音楽や文化を楽しむ空気は皆無だった。留学して3年が経った1973年、韓国の民主活動家で政治家の金大中《キムデジュン》が韓国中央情報部（KCIA。現在の国家情報院）によって滞在先の日本のホテルから拉致されるという事件が起きた。国内で湧きおこる批判をそらすため、政権は在日留学生を次々に北のスパイとして逮捕した。

「明け方、突然目隠しされて軍の捜査機関に連行された。殴る蹴るの暴行や水拷問。タオルを口にかけて、上からヤカンの水を少しずつたらしていく。いつ窒息するかというじわじわと来る恐怖です。加えて電気拷問を受け、ものすごい苦痛で悲鳴をあげる。自分で自分のなかから、何であんな声が出るのかというぐらいの悲鳴。一秒でも早く苦痛から逃れようと、自白書を書く。正気に戻ると私は留学を偽って入国し、医学部生を扇動して秘密組織を作ったことになっていました」

後に明らかになる捜査記録によるとＫＣＩＡや軍は民主化の拡大を恐れる朴正熙、全斗煥政権の意向を受け、平和的統一や民主化を求める若者を「北朝鮮に操縦された」との印象操作を徹底し、スパイ容疑で処罰した。

そして弾圧の矛先は在日留学生にも向けられた。在日は総連と民団に分かれていても、日本社会でともに暮らしている。政治的な隔たりはあっても生活上の関わりや心情的な交流はある。そのため軍事政権は、在日留学生の友人や身内に総連関係者がいるだけで「日本で北の指令を受けた」と言い立てた。

康さんは在日を理由に裁かれる不条理が信じられなかった。

「判決の言葉はいまも忘れない。『被告のような人間は反共を国是とするこの大韓民国で生存を許可することができない』。ああ、俺はこの国では生存を許されないのか。日本で育って差別を受け、民族、祖国への思いから玄界灘を渡った私が何をしたんだ。分断を終わらせたいと願うだけで、なぜ死刑を受けなければならないのか」

康さんはソウルの刑務所に収監された。窓から見えるポプラの木の下が処刑場だった。死と隣り合わせの日々は13年続き、１９８７年、韓国民主化による恩赦で日本に戻ったときには37歳になっていた。医者になる夢も青春時代も奪われた康さんだが、悔いはないと言う。

「獄中には祖国がありました。『統一、自由』と叫びながら次々と刑場の露と消えていく韓国の学生と北のスパイ。国は違えど、分断のない祖国への思いは変わらない。後悔はありません。24才からの13年間、人生で一番貴重な時間かもしれない。でも祖国が一番苦しいとき、人々が傷ついた時期に自分の最も美しい時間を捧げることができたのは喜びです」

康さんのように1970年代に留学中にスパイとされた在日は100人を超えると見られる。韓国政府が誤ちを認めたのは事件から40年後、63歳になった康さんにも無罪判決が出た。

「死ぬ日まで空を仰ぎ　一点の恥辱なきことを……」

桂仙さんは、康さんの生き様に触れ、同志社大学で出会った朝鮮民族の詩人・尹東柱を思い出していた。暗黒の時代、身を賭して自らの信じる道に進んだ「行動する良心」。傷つくことを恐れずに生きる姿が時を超えて重なり合った。

「日本では韓国の軍事独裁のことは知られていません。在日ですら若い世代は聞いたこともないでしょう。身近に暮らす二世が巻き込まれ、青春を奪われたことを。危険を顧みずに国のために身を投げ出した在日がいることを、北も南もそして日本も思想信条の違いを超えて胸に留めていただきたいです」

桂仙さんは、在日コリアン二世で立命館大学特任教授の徐勝氏の夫人と出会い、親交を深めてきた。1971年、徐勝氏もソウル大学留学中に北のスパイとしてKCIAに国家保安法違反容疑で逮捕された。拷問のあまりの凄惨さに自殺を図り、顔面を焼いた。無期懲役判決を受け19年間、獄中の日々を過ごした。

桂仙さんは徐勝氏の母の手記を読み、我が子を思う親の気持ちに触れた。

「北と南、考え方や目指すものは違えども、在日の祖国への思いは何ら変わりません。韓国でも在日ゆえに死刑を言い渡される。祖国に裏切られ、苛酷な日々を過ごされた苦しみ、無念、むごすぎます。妥協なく信念に突き進む人間の強さに触れ、体が震え、涙が出ました」

２００７年10月、韓国の民主化を主導した金大中元韓国大統領が立命館大学を訪れた。康さんは徐勝氏とともに記念シンポジウムに参加した。桂仙さんは大学の研究者が作る日本平和学会に呼ばれ、東北アジアの平和を願う人々に、そして韓国民主化に命を懸けた「行動する良心」に歌曲『先駆者』（作詞 尹海英）を捧げた。

この歌は１９３３年（昭和8年）、日本が中国東北部に傀儡国家「満州国」を樹立した翌年に作曲された。満州国の建国理念は「王道楽土」、日本は東洋の徳をもって理想国家を築くため満日蒙漢、そして朝鮮の「五族協和」を提唱した。満州国には貧しさに故郷を追われた数十万の朝鮮民族が暮らしていた。作曲した趙斗南《チョウトナム》もそのひとりだった。多くの若者が命をかけて日本の植民地統治に抗った。趙は独立への祈りを『先駆者』に込めた。

一松亭青松は　老いゆけど

一筋の　蘭江は　千年流れゆく
過ぎし日河辺で　悍馬馳せし　先駆者
今は何処で　猛き夢の深きよ

竜頭井戸炉に一晩中聞こえくる
由緒深き　竜門橋に　日光静かに映る

龍沫寺　夕べの鐘　ピアン山に鳴り響き
男の堅き心　長く留めておいた
国を探すと　誓っていた先駆者

地域への感謝

還暦が近づいてきた。桂仙さんは在日コリアン社会では名の知られる歌手になったが、自らプロの歌手であるとPRすることはしない草の根の歌い手だった。大阪市淀川区の焼肉店で桂仙さんは歌手であることを一切口にしなかった。

気づけば、この地域にお世話になって30年近くが過ぎていた。

「日本に生まれ育ち、いまこうして淀川区の街に生かしてもらっている。身近な人々に御礼を込めて歌を届けたい」と地域のためのコンサートを企画した。あっという間に噂が広がった。店の裏のビルの最上階の会場に、タバコ屋さん、喫茶店のマスター、バーテンダー、定食屋の主人などご近所さんがぞくぞくとやってきた。30人分の椅子はすぐに埋まり、舞台の真横まで立ち見であふれた。

桂仙さんは次々と声を掛けられた。

「あんた歌手やったんか、知らんかったで。腰抜かすわ」

「韓国もええけど演歌も頼むで、泣けるやつやで」

桂仙さんが笑顔で挨拶した。

「今日は遠路ではなく、すぐ近くから足をお運びくださり感謝します。この街で暮らして30年近く。今日まで女将としてお店を続けられたのは皆様のおかげです。感謝の気持ちをこめて歌わせていただきます」

笑顔で手を振りながら熱唱する。ほとんどの人は、桂仙さんの歌を聞くのははじめてだ。最初はぽかんと口を開けていたバーのマスターも、いつしか体でリズムを取っていた。

「ええ歌や。スナックのカラオケと全然ちゃうわ」

「いやーもう素晴らしいですよ、あの、普通の奥様やとばかり、いやはや長生きするもんや」

「びっくりした。町内にこんな人いてるなんて知らんかった」

歌に国境はない。桂仙さんは、舞台上でヘイトスピーチの問題や日朝韓の関係、そして南北統一への願いは決して語らない。「歌をして語らしめる」。政治に触れることはひと言も発さず、日本と朝鮮半島で歌い継がれてきた曲の力だけを信じる。

「ぶらぼー、すばらしいー」

「ちゃうでブラボーや」

気のおけないご近所さんが集う会場が和む。桂仙さんは感謝を込めて歌いあげた。

在日の歌「マウメコヒャン」

桂仙さんが歌手であることは、関西の音楽界で少しずつ広まっていった。ある日、NHKのラジオ・プロデューサーから声がかかり、番組に出演することになった。

この放送をきっかけに桂仙さんに在日コリアンのための歌が贈られた。「韓流ブームがあったけど在日二世の曲が新たに生まれていない」とこのプロデューサーが歌詞を考えた。作曲はプロの作曲家が担当した。

「在日一世のふるさとへの思いが忘れられてゆくなか、若い世代に語り継いでいく在日二世が歌う心のふるさとを伝えたい。『音楽に国境はない』の言葉通り、環境の違うなかで育った二世の思いがたくさん詰まった曲を作りたい」

こうして『心のふるさと――マウメコヒャン』（作詞 有本哲史／作曲 綱澤僚）が作られた。マウメは「私の」、コヒャンは「故郷」を意味する。在日の故郷は朝鮮半島、そして日本。歴史に翻弄されながらも、ふたつの祖国の架け橋になりたいと願う在日の想いが込められていた。

訪ねることもかなわずに
心の中に秘めてきた
サン《山》グァ《と》パダ《海》
アボジの山　オモニの海
父の生まれたこの街を
あてもないまま彷徨って
光あふれる道ばたの
ケナリの色がふと目にしみる

大きな街の片隅で
記憶の奥に閉じ込めた
サン《山》グァ《と》パダ《海》
アボジの山　オモニの海

母の育ったふるさとの
紫色に暮れなずむ
小さな町のバス停と
店の灯りがふと暖かい
コヒャン《故郷》　タヒャン《他郷》
マウメコヒャン《私の故郷》
コヒャン《故郷》　タヒャン《他郷》
マウメコヒャン《私の故郷》
タヒャン《他郷》　コヒャン《故郷》
マウメコヒャン《私の故郷》
心のふるさと

南と北、そして日本に加え、新たに「在日の歌」を得た桂仙さんは、感謝の思いで一杯だった。

「私はこんなに驚いたことはありませんでした。日本の方々が在日二世の心情を歌にしてくださった。この事実に私たち、二世の時代は昔とは違うんだと思いました。私も朝鮮籍と韓国籍で揺れ動いて……韓国籍のために、夢を打ち砕かれたこともあったけれど韓国に行けば楽しくてわくわくして血が騒ぎます。

でも、やっぱり、こうして60年住んでみたら日本がふるさとであるという思いがあります。自分の終の棲家は大阪しかない、ということをこの年齢になって感じています。そして故郷は国や住む場所だけじゃないんです。この歌をうたうときに思うことは、私たちの心のふるさとは一世なんですね。そしてそのふるさとが遠ざかっていくように感じるのは二世だけなんだとも感じました。そんな気持ちをこの曲は伝えてくれる。何よりの贈り物でした。カムサハムニダ」

『心のふるさと——マウメコヒャン』は湖面に広がる波紋のように、在日コリアンのあいだに静かに伝わっていった。その後、地元大阪の民放ラジオ局に呼ばれて披露した。歌で分断を乗り越えたい気持ちを訴えると大きな反響があり、100通近い感想が寄せられた。

「本名を名乗れないままです。これからも言えない。でも歌が聞けてうれしかった。ずっと歌ってください」

「これ以上、傷つきたくなくて引きこもっています。ラジオだけが社会の接点でした。泣きました」

「日本の学校に通い、もうひとつの母国の歌を聞いたことはなかった。誇りを持てました」

「日本のメディアは信用できない。弱い人の声を伝えるのが役目なのに何もしなかった。でも今晩、金さんの歌を聞けたことではじめてすこし安心しました」

だが、心無い匿名の暴言も半分近くあった。「売国放送局をつぶせ」「北のプロパガンダ機関の手先、非国民たちに鉄槌を」「拉致の屈辱忘れたんか」……。

担当ディレクターにも直接、抗議の手紙が届けられた。どこで調べるのか、数日間、匿名の嫌がらせの封書が桂仙さんの自宅にまで送られてきた。そしてこの放送があったのと同じ時期、京都の朝鮮学校が襲撃される事件が起こった。

京都朝鮮学校襲撃事件

「朝鮮人を保健所で処分しろ！」

「ゴキブリ、ウジ虫、朝鮮に帰れ！」

「京都をキムチの臭いにまみれさせてはならない！」

２００９年12月から翌年３月にかけて、京都朝鮮第一初級学校がヘイトスピーチの標的にされ、その様子がインターネットで公開された。針金のフェンスが「愛国者」と「非国民」を隔てる「国境」にされ、向こうに立つ学舎に容赦のない罵詈雑言が浴びせられた。「戦後焼け野原になった日本人につけこんで民族学校、民族教育闘争、こういった形で至るところで日本の土地が収奪されている」「犯罪者に教育された子ども、朝鮮やくざ」「密入国の子孫、朝鮮学校つぶせ」「不逞な朝鮮人を日本から叩き出せ」……。

学校は１９４６年に京都七条朝聯学院として設立された。その後、校舎移転に際して運動場を確保できず、そのため隣接する都市公園の一部を許可を得ずに運動場として使用していた。この土地の不法利用が排撃理由とされた。

公開された動画は10万回近く視聴され、インターネット上でこのヘイトスピーチが拡散していった。２０１３年10月７日、京都地方裁判所は、このヘイトスピーチを人種差別撤廃条約で禁止されている「人種差別」に該当する不当行為と認定した。校舎内にいた低学年の児童が恐怖のあまり泣き出し、学校運営が極度の混乱状態に陥ったことも認め、１千万円を超える多額の賠償金の支払いを命じた。

このとき、学校に在籍していた女子学生は事件の３年後、筆者に気持ちを語った。

「当時私は10歳でした。最初、何を言われているか理解できませんでした。私たちの学校を嫌う人がいるのはもちろん感じていたけれど、大きな大人が怒りをあらわにし、怒鳴り、処分せよと言う。衝撃でした。一緒に生きていてはいけないと叫び、生存すら認めない。私は大勢の日本人がいる場が怖くなりました。いまも電車もデパートも映画館も怖い。目の前の人の笑顔が信じられなくなりました。否定されることが怖い。生まれた国も場所も、親も自分ではどうしようもできない。いま、世界は白黒に見えます。鮮やかな色がないんです。ぼやけて、不安定なんです」

事件後も学校の前には踏みつぶされたカマキリが入った封筒や、引きちぎられたセミの頭が入ったビニール袋が置かれたこともあったという。事件の余波は京都に留まらなかった。神戸の朝鮮学校では通学電車のなかで制服にガムを付けられ、校門が閉まる寸前、外からつばを吐きかけられた生徒もいた。

桂仙さんの母校にも「スパイは日本から出ていけ、拉致工作員を育てるな」といった嫌がらせ電話がひっきりなしに寄せられ、差別と蔑みの落書きが校門や外壁に書きなぐられた。

教師が子どもに見せてはならないと何度清掃しても、通学路には「拉致を命じた張本人を崇拝するテロ組織はつぶれろ」という張り紙が並んだ。

桂仙さんは朝鮮学校で父母の祖国・朝鮮の歌に出会い、プロの歌手を目指した。

「いったい歌に何ができるのか、日本社会に『在日の歌』は届くのか?」

桂仙さんの心は、ふたたび息苦しい時代の空気に押しつぶされそうになった。

そしてある日突然、倒れたのだった。体調管理は何より気を使ってきたが、女将や歌手の仕事で無理が重なり、腹部に激痛が走ったかと思うとそのままうずくまり、意識が遠のいた。真夜中に救急車で病院に向かうと、敗血症と診断された。生死を左右するほど健康は蝕まれていた。

残された日々を意識し、死を想うようになった。桂仙さんは当時を振り返り、こう語った。

「私は60歳で立ち止まりました。手術で預けられた命、身の回りの事柄に日々を費やすのではなく、日本で生まれ育った在日二世のソプラノ歌手として日本と朝鮮半島の小さな架け橋になれるよう、一番近い隣国同士、父母の国と私が育った国が争わないように、そのために残された人生を捧げたいと思ったのです」

大阪いずみホールにて初リサイタルを行う
金桂仙さん(2005年)

大阪いずみホールにて韓国歌曲を歌う(2007年)

第5章　韓国・慶州「ナザレ園」への旅

——残留日本人妻に届ける「故郷の歌」

慶州ナザレ園2度目の訪問時の金桂仙さん（前列右側）

韓国残留日本人妻のこと

２０１０年、金桂仙さんは59歳になった。気がつけば、人生の秋口を迎えていた。地道に歌手活動を続けてきたことで、大阪府草の根人権賞を受賞した。還暦という人生の節目を前に、プロとしてはじめて受けた公の評価だった。韓国の大学からも歌ってほしいと声がかかるようになり、大阪とソウルを行き来するようにもなった。

この年、桂仙さんは祖母になった。四世の幼い孫娘が生きる日本、そして一世の祖国である朝鮮半島、この双方の視点からあらためて在日のルーツを見つめなおしたいと思った。

焼肉店の女将の仕事で多くの大学の教授と知り合い、本を紹介してもらって読み進めることで、日本の植民地統治に苦しんだのは在日だけではなかった事実を学んでいった。

韓国残留日本人妻。桂仙さんは日本の植民地統治時代に関する歴史書で、「内鮮一体のもと、日本女性と朝鮮男性の結婚が奨励された」という一文に触れた。終戦後も彼女らは日本に戻れずに置きざりにされ、韓国社会で虐げられてきた。桂仙さんにとって、驚愕の史実だった。

朝鮮学校では、植民地統治の被害者は朝鮮民族としか習わなかった。日本社会で暮らしていて、韓国残留日本人妻の存在を意識したことはない。桂仙さんは、こうした日本人妻たちが、両親の故郷に近い韓国南部の古都・慶州で共同生活をしている「ナザレ園」という施設があることを知った。

なぜナザレというのか、彼女らはいったいどのように暮らしているのか。どうして韓国に取り残されたのか、日本に戻らないのか。海を渡ったまま半世紀以上、どんな思いで生きているのか。直接会い、歌を届けたいという思いが桂仙さんを貫いた。そして突き動かされるようにナザレ園に届ける歌の準備に没頭したのだった。

「行ってみたい、行かなくては、とそういう強い気持ちを抱きました。朝鮮半島に残留した日本人の女性たちは、それは辛く苦しい思いをされたと思うんです。異国に生きた在日一世と重なりました。一世は日本で本当に苦労しました。逆にナザレ園にいらっしゃる彼女たちは、韓国人の夫だけを信じ、風習も言葉もわからない国に行って、それはつらい思いをされたと思います。オモニたちとナザレ園の方たちは変わらない。

植民地で支配される側とする側が逆転してしまって、なおその土地で暮らさなければならないという境遇に置かれた日本人の女性たちを思うと、もっと辛かったのではと思います。民族、国籍は違いますけど、同じ女性として、その気持ちはとっても痛いほどわかります。私は大阪で幸せに暮らしていますから計り知れないけど、少しでも彼女たちの心に寄り添うことができればと願っています」

はじめての船旅

２００９年3月19日。春の潮風が心地よく吹き抜け、雲ひとつない空は抜けるように青く、北側に広がる六甲山地はつややかな若葉色に染まっている。午後4時、桂仙さんは夫に見送られ、大阪南港から韓国・釜山に向かうフェリーに乗り込み、筆者はこの旅に同行した。

桂仙さんは前日ほとんど眠れなかったと話す。

「感無量です。熱いものがこみ上げてきます。昨日は不安でした。船旅もはじめてですし、玄界灘を越えるということを考えるだけで興奮もしました。どんな旅になるのでしょうね」

５日間の旅がはじまった。船内には、自転車で韓国一周に挑戦する日本の大学生や、韓国ドラマに魅了されロケ地に向かう大阪のおばちゃんグループ、K-POPファンの女子大生、そして日本への留学やヒッチハイクで日本一周した韓国の学生たちでごったがえす。15時30分に大阪を発ち、翌日10時00分に釜山に着く。

飛行機なら90分だが、学生料金なら往復で2万円もかからない手軽な価格設定の上、美しい景色を楽しむことができる船旅に魅了され、毎月利用する熱心なリピーターも多い。窓から海が見える大浴場やサウナ、日韓のお酒が楽しめるバーやラウンジもある。

大半が大部屋での雑魚寝で、あちらこちらでマッコリを酌み交わす宴会がはじまった。麻雀やトランプに興じる人々も多く、船内はくつろいだ空気に包まれる。食堂では、恒例の日韓カラオケコンテストがはじまった。老若男女が拳を振り上げ、日韓ののど自慢がこぶしを利かせて『釜山港へ帰れ』『ブルーライト・ヨコハマ』、尾崎豊の『I LOVE YOU』を熱唱する。

「まもなく明石海峡大橋です」とアナウンスが流れると、乗客は一斉に屋外デッキにあがり、記念写真を撮影する。

桂仙さんは、生まれてはじめて船で渡る瀬戸内海を前に一世の記憶を辿っていた。

「朝鮮通信使、朝鮮出兵、植民地統治と朝鮮戦争、古来朝鮮民族と日本人が行き交った水脈ですね。この海の道を父母も通ったと思うと、感慨深いです」

朝鮮通信使の歴史

瀬戸内海はかつて東アジアの平和の使者、朝鮮通信使の旅路だった。日本と朝鮮の交流は古来続けられてきたが、1592年（文禄元年）、大坂城に居を構えた豊臣秀吉は文禄の役で朝鮮に侵攻した。約16万の兵士を釜山に上陸させ、朝鮮の人々を戦火に巻き込み国土を荒廃させた。5年後の慶長の役でもふたたび出兵した。

1607年（慶長12年）、鎖国した江戸幕府は国交を回復しようと李氏朝鮮に働きかけた結果、朝鮮通信使が日本に派遣されるようになった。およそ200年で12回、李氏朝鮮の使者は首都・漢城（現在のソウル）から玄界灘を経て関門海峡を通り、この瀬戸内海を抜けて大阪湾から淀川を遡上、京都に入り江戸に向かった。

その距離4500キロメートル。4~500人の使者は、日本各地で優れた学問や文化を伝えた。幕府も唯一国交関係を樹立した朝鮮に「両国の国交は信義の心をもって行う」との国書を送った。

世界で国境を接した国同士が200年間戦争しなかった歴史はない。日本と朝鮮の善隣友好をもたらした朝鮮通信使は2017年、世界記憶遺産に登録された。

船から四国・愛媛県が南に見えるころ、空の青さが深まってゆく。日の名残りが遠く連なる山々をシルエットに変え、目の前に広がる海原を黄金に染め上げる。桂仙さんは息を飲んだ。

「毎日、こんな夕暮れが繰り返されていたのですね。美しいですね」

日が落ちて海と空の境界が溶ける。写真家がマジックアワーと呼ぶ昼から夜へのわずか数分、世界からすべての違いが消える。光と闇がまじりあい、デッキに集う韓国人と日本人の旅行者もひとつの影絵となる。はじめて見る光景に桂仙さんの心が弾んだ。

「うわあ、世界がひとつになってる。こんな景色は見たこともない。心も海に溶けていくよう」

いつしか空には星が輝き、船は関門海峡を越えて北上した。

1世紀前、日本の軍艦が植民地支配のために半島へ向かった玄界灘。「内鮮一体」のスローガンの下、日本人女性と朝鮮人男性との結婚が奨励され、多くの花嫁がこの海を越えたのだった。

翌朝4時に桂仙さんは起きた。どうしても見たい景色があった。船体は揺れ、波しぶきが窓を叩くなか、甲板に出ると立っていられないほどの冷たい潮風が吹き荒れていた。手すりを頼りに海原を見つめた。砕け散る波の白と漆黒の海がまじりあう暗い灰色の光景が、見渡すかぎり続いている。

「この航路で両親は日本に来たんですね。こうして海を渡った。本当に死と隣り合わせの船旅だったのでは。私はいまとても立派な船に乗っているんですけど、当時は波に弄ばれ、海原を漂流するまるで紙の船のような小舟で日本に来たと思うんですね。一寸先は闇というけど本当の闇のなか、よく日本に辿りついたと思います」

釜山から慶州へ

空が明るくなったころ、海は穏やかになった。コンテナ船が行き交うようになり、山の麓に広大な港が見えてきた。大阪を発って18時間、韓国第2の大都市、釜山に着いた。２０００年代にコンテナ取扱量ではアジア有数の貿易拠点となった。

山の急な斜面にびっしりとへばりつくように家屋が立ち並び、港には活気にあふれたチャガルチ海産物市場が広がっている。「太刀魚安いよ、刺身いかが、でも値切るのなしね」。サンバイザーをかぶり、鮮やかな赤や黄色のシャツを着た女性が声を張りあげる。

桂仙さんは韓国の方言も話せる。誰も日本人とは思わない。

「まるで大阪みたい。外国に来た感じがしませんね」

活気あふれる街には、至る所に戦争の傷跡がある。釜山を代表する観光名所・国際市場は、朝鮮戦争という激動の時代に故郷を追われ、死に物狂いで逃げ延びてきた人がなけなしの所持品を売買したことからはじまった。港と湾内の島をつなぐ影島大橋のたもとには、生き別れた家族を待つ避難民の集落があった。戦火に追われた家族や友人は、「影島大橋で会おう」と約束し、散り散りになったという。

街のほぼ中央にある山の中腹には釜山民主公園があり、高さ70mの忠魂塔が聳え立つ。朝鮮戦争で亡くなった軍人や市民を慰霊するため、いまも献花は絶えない。釜山には広大な米軍基地も作られ、北朝鮮への反攻拠点となった。

世界で唯一、国連が管理する墓地もある。朝鮮戦争では歴史上、最初で最後の国連軍が結成され、21か国の兵士や医療従事者のうち、母国に帰れなかったおよそ2300名がこの地に眠っている。

いまも日本の植民地統治の記憶を留める場も少なくない。当時の国策会社である東洋拓殖会社釜山支店の建物に入る釜山近代歴史館、龍頭山公園にある日本人が作った神社の跡地など、街には植民地時代の遺構が散らばっている。桂仙さんは一歩一歩、父母の幼かったころを確かめるように釜山を逍遥した。

翌日、高速バスターミナルに向かった。ナザレ園のある慶州まで1時間、バスは大河を越え、山の麓を走った。

慶州の先には桂仙さんの父母の故郷もある。車窓には田園風景が広がり、黄色い花が一面に咲いている。韓国の春は日本とは違う。寒さが厳しい分、一度に生命があふれる。厳しい冬を乗り切った木々に宿る鮮やかな新緑が目にまぶしい。やがて古墳や由緒ある寺が次々に姿を見せはじめ、しっとりとした古都の風情が漂う街・慶州に着いた。

慶州は屋根のない博物館と言われる。紀元前1世紀から1千年近く栄えた新羅王朝の都となったことで遺跡が至る所に点在し、１９９５年には石窟庵と仏国寺が韓国初の世界遺産に登録された。

「早く着きましたね。たった1時間では心がついてきません。少し歩きます」

歌う前は、いつも凛として動じない桂仙さんも、このときは緊張で表情が青白く強張り、何も話さない。住宅地を抜けると収穫を終え、一面霜柱に覆われた畑が広がっていた。農家の納屋があり、牛が干し草を食んでいる。霜柱を踏みしめながら田んぼのあいだのあぜ道を進むと、学校のような建物があらわれた。

壁沿いに進むと門に突き当たった。かつての中学校の跡地に作られたナザレ園だった。コンクリート造りのきれいな建物で、外からでも清掃が行き届いていることがわかった。

遅い春の訪れを告げる新緑の香りを乗せた風が吹いてきた。桂仙さんがしばし見とれていると、高齢の女性が門のそばまで散歩にやってきた。腰は曲がり、顔は膝の高さまでしか上がらない。

杖をたよりに這うように歩を進めるが、一歩進むのに何秒もかかる。ゆっくりと椅子に腰かけ、日向ぼっこをはじめる。目を閉じ、陽光に全身をさらしている。

浅黒く日焼けした額、深い皺が刻まれた頬、節くれだって曲がらない小指。苛烈な日々が刻まれた小さな体は微動だにしない。5分、10分と静謐な時間が流れる。

突然、女性は咳き込み、前のめりに崩れた。桂仙さんは思わず駆け寄り、背中をさすった。

「ハルモニ、おばあさん、お体悪いですか。休んでください。お大事に」

返事は日本語ではなかった。桂仙さんは深いため息をついた。

「日本人妻の方のようでした。カムサハムニダって言いましたね、いま。自然に日本語ではなく韓国語が出てしまうんですね。日本に住んでいる在日が自然に日本語が出てくるようなものです」

ナザレ園にて

呼び鈴を押すと門が開かれた。建物のなかには、心地よい温もりがあった。玄関から廊下に向かうと、達筆の揮毫が飾られている。桂仙さんは思わず居ずまいを正した。

「着きましたね、アンニョンハセヨ。思ったよりすごく施設がいいですね。皆さんの愛のお陰です。あ、これはキム・ヨンソン先生の実筆ですね。疎外された隣人のために一生涯を捧げられた……」

ナザレ園は1972年に設立され、250人近くの韓国残留日本人妻らを受け入れてきた。

創設者はクリスチャンの金龍成《キムヨンソン》。

金龍成は1918年、日本統治下の朝鮮半島北部で生まれた。父は反日活動に従事し、官憲に殺害された。後に彼は自分と同じように親を失くした子どもたちに寄り添いたいと福祉の道に進み、ソウルで孤児院を開設した。だが朝鮮戦争が勃発、幾度も命を落とす危機にさらされながら避難を続け、慶州にたどり着いた。

そのとき、大きなショックを受けた。「36年の日本統治」の恨みが韓国全土を覆い、日本人妻が旧宗主国の残滓とみなされ、夫や家族から酷薄な仕打ちを受けていた。そして家から追い出され、野宿と物乞いの日々を強いられる者もいた。金龍成は、行き場を失くした日本人妻を緊急避難させる施設が必要だと考えた。

土地と建設費用を工面するために奔走し、仏国寺中学校を買収、その敷地に一時帰国者寮・ナザレ園を開設した。茨城県の菊池政一牧師も金龍成の思想に共鳴、運営資金を日本で集め続けた。ナザレとは現在のイスラエルにある、キリストが幼少期から過ごした街の名前だ。

「汝の隣人を愛せよ」とのキリストの教えをナザレ園の名に込めたが、金龍成は「日本人を支援する売国奴、非国民」「裏切者、かつての敵をなぜ助けるのか」と韓国市民から徹底的に糾弾された。若者に襲われたこともあった。それでも、彼は静かに韓国社会に訴え続けたという。

「日本による植民地統治は人道に反します。私の父も独立を目指し、日本人に殺されました。しかし日本人妻は韓国人を夫に選びました。いま、居場所を失った彼女らに何の罪があるのでしょうか。人間に国境はありません」

桂仙さんは年老いた女性たちが起居する部屋に案内され、思わず目を見張った。そこには「日本」があった。「こんにちは、いらっしゃいませ」。くつろいだ表情の女性が8畳ほどの部屋で待っていた。

ちゃぶ台には梅干しの入った瓶と急須、箪笥の上には日本人形と千羽鶴が並べられ、壁には富士山の写真と日本語のカレンダーが貼ってあった。掃除が行き届き、塵ひとつない。本棚に干支の焼き物が置かれ、習字の本が並べられていた。衣服も日本風で割烹着姿の人もいた。だが日本の家族の写真や、生まれ育った故郷を偲ばせる思い出の品はなかった。桂仙さんは思わず話しかけた。

「大阪から参りました。おいくつですか?」

「85歳、まだ大丈夫やわ。日本の言葉、だいぶ忘れたけどね。韓国の言葉もようわからんけど」

「ここで何年、お住まいになられてらっしゃるのですか?」

「20年になるでしょうね、この隣の人は8年、今年の人もおるよ。あんた日本から……懐かしいですね」

「またイルボン、日本に帰ろうと思ってきたけど、急に足が悪くなってね、行けなくなった。ここでお世話になってるんです」

ナザレ園で暮らす日本人妻は当時23人。吹けば飛ぶように痩せ細った人、背中を伸ばし正座を崩さない人、寝たきりの人、満面の笑みを絶やさない人。共通するのは端正な居ずまい。認知症やリウマチ、異郷で老いを生きながらもしっかりと客人をもてなす。とつとつと語られる一つひとつの言葉に来し方がにじむ。「ご苦労されたかと……」と桂仙さんは、声をかけた。

「ここでとてもよくしてくださります。ありがとうございます。まあ、とにかく……カムサハムニダ」

「ここに来てからね。日本の言葉、ちょっと忘れてくるんだ。韓国の義理のお母さん死んでしまった、だからここにひとりで来た」

「子どものことも旦那も忘れた。日本のおかあさんも忘れた。ここがいい、ここでいい」

「梅干しが食べれる、たくあんがある。もうキムチはいい、日本のご飯、それだけでいい」

長い旅路の果てに辿り着いた人生の終着駅。苦難の日々について話す人はひとりもいなかった。ナザレ園を運営するのは60歳の宋美虎《ソンミホ》さん。敬虔なクリスチャンで残留日本人妻のための韓国での故郷作りに半生を捧げ、２００３年に84歳で亡くなった金龍成の後を継いだ。園に来たときは日本語を一言も話せなかったが、日本人妻とともに生活するなかで身につけた。いまでは、日本人以上に美しい日本語を話すと驚かれるまでになった。

「私は最初、ここで2か月のボランティアに来て、今年27年目になりました。おばあさんたちは私のお母さんです。ここは施設ですけど、大きな家族のようにやってます。２５０人近い大家族なんです。戦争という歴史の過ちを背負わされ、異国の地で懸命に生きてきた皆さんがいたから、日本と韓国はふたたびつながった。神の愛に国境はありません」

ナザレ園に日韓両政府からの公的支援はない。年金や国民保険など社会福祉は受けられず、民間の支援によって続いてきた。宗さんも10年近く収入はなかった。

日本人妻の平均年齢は87歳。日本に戻りたい、でも戻れない彼女らの苦衷に、宋さんは胸を痛めてきた。

「皆さん年々、体が弱り、寝たきりや認知症を患っています。時間はありません。ここは永住のためではなく、日本に帰国するための施設です。これまで147人が帰国したけど、日本の老人ホームに入ると交わりが上手くいかない。いろいろ辛いことが重なり戻ってくる。心の故郷は忘れられないと思いますが、おばあちゃんはここで生活したい。でも死んだら魂だけは日本に帰りたいと言います。私が来てから27年、誰もひとりもいないんです。日本で暮らすようになった方。だからいまは老人ホームのような形になりました」

宋さんは50人近くの日本人妻の死を看取ってきた。「お母さん、お母さん」と叫ぶ最期の言葉を幾度も聞いた。何通も遺言を託されたが、送り先はなかった。ナザレ園近くの海を望む丘に、宋さんは墓地を作った。いまも毎月、帰郷の思いを抱えたまま異郷で生涯を終えた彼女らのために手を合わせ、線香を供えている。

ある日本人妻はこう言った。「ふるさとは遠きにありて思うもの、だったっけ。いま、ここにおれるだけで十分です。もう韓国も日本もいややや、カムサハムニダ」

日本の植民地統治から解放された戦後の韓国。憎しみの対象となった日本人妻たちの語られることのない痛みは、どれほど深いのだろうか。桂仙さんは、ナザレ園の宋園長から日本人妻たちが歩んできた過酷な生涯を聞き、呆然となった。

植民地政策の一環として海を渡った日本人妻の正確な人数はわかっていないが、少なくとも5千人を超えると見られる。日本の敗戦後、満州や朝鮮半島に居住していた多くの日本人が我先にと帰国するなか、夫や子どもを置きざりにできないと3千人近い日本人妻が朝鮮半島に留まった。だが、そこで待っていたのは支配者によって言葉や歴史を奪われ、強制的に徴兵・徴用された韓国市民の怒りだった。日本人妻は外出することすら困難になり、家のなかでは家族や親類から虐待された。石を投げられ追い出され、山や河原に置き去りにされたケースもある。

日本人であると知られると危険なので、大半が素姓を隠した。精神を病んだふりをし、耳や口が不自由であるかのように見せかける者もいれば、路上で物乞いをして一日一日命をつなぎ、暴力や野犬におびえながら夜を過ごす者もいたという。

凍てつく冬を越せず、衰弱し、息絶えた日本人妻も少なくない。海を渡ってから築き上げてきた生活、家族、財産など持てるすべてを奪われ、ともに泣いてくれる人も、世話をしてくれる人も失ったのだった。

そして朝鮮戦争が韓国残留日本人妻の苦しみに拍車をかけた。唯一頼れる夫や息子も戦地に駆り出され、命を落とすこともあった。夫や息子が北朝鮮に捕らえられ、家族が引き裂かれた日本人妻もいる。祖国・日本にすがるように釜山へ向かい帰還を訴えた女性も少なくなかったが、建国間もない韓国と国交を結んでいなかったため、日本人妻には引き揚げ者援護法も適用されず、帰国の道は閉ざされた。

１９６５年の日韓基本条約締結後も、日本人妻の大半は韓国社会で生き抜くため、日本人であることを必死で隠した。そのため日本政府の調査も不十分で、補償措置も講じられなかった。その4年後、日本人妻は身元の確認ができることという条件付きで日本への入国だけは認められた。だが敗戦と朝鮮戦争の混乱のなか、身分を証明する書類を消失した人が大半だった。４００人が入国はできたものの、身元引受人になるべき肉親は「朝鮮に嫁いだ身内の存在は世間に知られたくない」と引き受けを拒むケースが相次いだ。

ナザレ園も日本人妻の帰国を後押ししたいと願ったが、日本と朝鮮半島の分断が立ちはだかった。彼女らの大半が日本では死亡したと認定され、日本国籍を抹消されていた。朝鮮戦争の混乱時、日本人だということがわかると命にかかわるため韓国籍を取得した者も多かった。その後、韓国残留日本人妻は幾度も日本国籍に戻ることを請願したが、日本政府は「日韓基本条約で最終的に解決済み」との回答を繰り返すだけだった。

祖国に帰る場所はない。韓国社会には受け入れてもらえない。ナザレ園ができたとき、やってきたのは洞窟で寝泊まりし、残飯をあさって生きてきた女性たちだった。宋園長は、90年代になっても極貧の状態でたどり着く人が絶えなかったと語る。

「先週も来られましたよ。その方も頑張りましたね、急に目が見えなくなって運び込まれた。ここに来る前までは日本の曲を歌うこともできないし、日本語を使ったことないし、我慢して生活しました。ずっと自分を偽ってきたんです。いまは、ここが天国だと思って生活していますが、人間はやっぱり、食べ物や生活よりも心の問題です」

「故郷の歌」を届ける

２００９年3月21日午後2時。いよいよ、桂仙さんの歌う時間がやってきた。緊張しながら教会に入ると、日本人妻だけでなく、隣の老人ホームの韓国人のお年寄りも集っていた。宋さんからは、高齢なので20分だけにしてほしいと告げられた。昼下がりの窓から差し込む陽光を浴びながら、桂仙さんは朝鮮半島の童謡から歌いはじめた。

韓国のお年寄りたちが嬉々として手拍子を打ち、コリア語で「素敵」と呼びかける。しかし日本人妻たちはまったく反応しない。うつむいたままだった。

「受け入れられていないのでは、歌を届けたいなどと自己満足の押し付けだったのかも」

不安を感じながら桂仙さんは自らが在日であること、歌手であることを伝えた。その瞬間、老人ホームの空気が変わった。

「日本の慰問団はよく来るけど在日ははじめてよ、よく来たね」

「あんたも私も一緒、大阪から来たのね。私は奈良です」

「韓国人は気性が荒い。あなたならわかるよね」

桂仙さんは、１８９６年（明治29年）に佐佐木信綱が作詞、小山作之助が作曲した日本の唱歌『夏は来ぬ』を歌った。

卯の花の　匂う垣根に
時鳥《ホトトギス》　早も来鳴きて
忍音《しのびね》もらす　夏は来ぬ
さみだれの　そそぐ山田に
早乙女が　裳裾《もすそ》ぬらして
玉苗《たまなえ》植うる　夏は来ぬ
橘《たちばな》の　薫るのきばの
窓近く　蛍飛びかい
おこたり諫むる　夏は来ぬ

ついで歌った『朧月夜』は、桂仙さんの18番だ。

日本を去って半世紀以上。懐かしい祖国の調べが日本人妻を包み込む。背すじを伸ばし、顔をあげる。幾重ものしわが刻まれたまぶたが開き、涙がにじむ。時間が許すかぎり歌を届けたい。
桂仙さんは、いまも日本で歌い継がれる『故郷』を選んだ。

兎追いし彼の山
小鮒釣りし彼の川
夢は今も巡りて
忘れ難き故郷

如何に在ます父母
恙無しや友がき
雨に風につけても
思い出ずる故郷

志をはたして
いつの日にか帰らん
山は青き故郷
水は清き故郷

薄れゆく人生の記憶、彼方に消えゆく故郷。統治と敗戦、憎しみに奪われた帰国の道。歌が描き出す「故郷《ふるさと》」。戦前に韓国のお年寄りも全員、学校で習った。ともに肩を揺らす。

普段、ほとんど話さない日本人妻もわずかに口を開け、かすかに「ふるさと」とつぶやく。桂仙さんは一人ひとり、触れれば崩れそうな華奢な手を握り、目の前で歌った。そして最後に、日本と朝鮮半島のはざまで生きる在日の歌『心のふるさと――マウメコヒャン』を披露した。

音楽大学で学んだとおり一言一言、言葉の意味を確かめるように歌った。桂仙さんは舞台で泣いたことはない。人々の感情を動かすプロが感情に流されては失格と考えているからだ。だがこのときは涙をこらえることができなかった。歌は嗚咽に変わり、目の前の日韓のお年寄りもまた、涙をぬぐいもせずに聴き入った。

30分があっという間に過ぎ去った。鈍色の雲の切れ間から差し込む一条の光が、教会に差し込む。桂仙さんは在日の思いを歌いきった。

しばらく反応がなく、誰も動かない。10秒経っても静寂が続いた。不安を覚えた瞬間、桂仙さんは大きな拍手に包まれた。そしてナザレ園の行事ではじめてという「アンコール」の声が巻き起こった。宋園長は黙ってうなずいた。桂仙さんは一瞬戸惑いながらも、『赤とんぼ』を歌うことに決めた。

夕焼、小焼の、
あかとんぼ、
負われて見たのは、
いつの日か。
山の畑の、
桑の実を、
小籠《こかご》に、つんだは、
まぼろしか。
十五で、姐《ねえ》やは、
嫁にゆき、
お里の、たよりも、
たえはてた。
夕やけ、小やけの、
赤とんぼ。
とまっているよ、
竿の先。

植民地統治時代の朝鮮半島でも歌われた。日本人妻、韓国のお年寄りの歌声が重なり響き合い、溶け合った。「故郷」とは国や家郷のことだけではない。かけがえのない青春、先立った父母、親友たちの思い出。人生の秋口を迎えた日本人妻は、どんな「故郷」を思い描いたのだろうか。桂仙さんは椅子から立ちあがることのできない彼女らに歩み寄り、跪き、その語りに耳を澄ませた。

「ああ……すごくね、私、涙もろい方で、歌を聞いて、すぐに胸にきまして……泣いちゃった……、ありがとうございました」

「ほんと、うれしかったですね、懐かしい歌が聞けて。懐かしかったです。良かったです。私とちょうど反対でね、私はここがコヒャン、あなたは、向こうがコヒャン。感銘が深かったです。あんたたちの立場と、私たちの立場が重なるから」

「同じ人間だから……、やっぱり、コヒャンは懐かしい、故郷は懐かしいものです。自分の故郷は、忘れられない。死ぬまで、忘れないことありますね、やっぱりコヒャンが、故郷が恋しい。私は韓国で涙を流すけど、あなたも日本で反対の涙を流すんです、同じなんです……」

桂仙さんは、日本人妻一人ひとりの手をさすり、別れを惜しんだ。宋園長は言った。「在日の歌手はあなたがはじめてでした。そして日本のお年寄りの感情があんなに動いたのもはじめてでした」。桂仙さんも歌が届いた手応えを感じていた。

「韓国の歌をうたえば韓国の人々の心が動くのが伝わりました。日本の歌をうたえば日本人妻の心が震えているようでした。生まれてはじめて在日として日本の歌と韓国の歌をうたうことができる意味を深く感じました」

部屋を出たとき、ひとりの年老いた日本人妻が一歩一歩這うように歩み寄ってきた。

「あなた大阪からよね。私、生まれたのは兵庫県で、四国で生活した。あんたが来たから、あんたが歌ったから日本に帰りたい……帰りたい……帰りたくなった」

桂仙さんは誓った。

「来てよかったのでしょうか。癒えかけた傷を開いてしまったかもしれません。皆さんがとっても喜んでくださって、こんなに喜んでくださると思わなかったので、この機会を与えてくださったことに感謝です。私にできることは歌だけです。誰かが生きることに前向きになったり慰めになるなら、私は歌い続けていこうと思います。また来させてください。歌わせてください」

父母の故郷へ

ナザレ園を後にした桂仙さんは、その足ではじめて韓国・慶州北道にある両親の故郷を訪ねた。釜山駅から高速鉄道ＫＴＸで50分、あっという間に東大邱駅についた。第３の都市・大邱のかたわらを韓国最長の大河、洛東江が流れる。朝鮮戦争では北朝鮮軍が侵攻し、この河が最南端の軍事境界線になった。

激動の日々を見つめてきた悠久の流れ。大河のほとりには日本やロシアからの渡り鳥が次々に渡来する。この駅から車に乗り換え、数えきれないほどの峠を越えた。在日の一世が歌った民族の調べ『アリラン』が脳裏に浮かぶ。

「どの峠が父のアリラン峠だったのだろう……」

起伏の激しい山道が続いた。ようやく道が終わると、山々に囲まれた慶尚北道軍威郡義興面に着いた。母が生まれ育った村もすぐそばだ。雪をまとった八公山《パルゴンサン》の麓に、一面のニンニクの畑が広がる。ところどころに白い米粒のような花が咲いている。ニンニクの花言葉は、「勇気と力」。桂仙さんは身を寄せ合うようにして風にそよぐその姿に見とれた。

はじめて訪れた父の故郷。幼かった父が見たであろう風景が、桂仙さんの目の前に広がる。美しい清流が流れ、蝶が飛び交う。長い冬の寒さで凍てついた大地を春の息吹が溶かしている。霜柱が太陽の光を受けて輝き、代かきを待つ田圃が夜明けの海のように金色に染まる。

「まるで父が疎開していた信州の安曇野のようでした」

桂仙さんは父の生家を訪ねた。前述の通り、筆者の調べでは韓国の王族の血統を受け継ぐ名家だったが、日本の植民地統治時代に没落した。1世紀近い歳月を経て家屋の跡だけが残されていた。

「静まり返っていました。父を偲ぶ手がかりは何も残されていませんでした」

朝鮮半島に留まった親族もほぼ全員が離散し、会うことはできなかった。それでも桂仙さんは深い感慨に包まれたという。日本に渡り、そこで生涯を終えた父は、故郷を再訪する夢を叶えられなかった。桂仙さんは、景色を心に刻み付けることで供養にしようと誓った。

一歩一歩土を踏みしめ、鳥の声に耳を澄まし、路傍にひっそりと咲く花の香を嗅いだ。八公山の雄大さに父の存在を感じ、清らかな小川に母の姿を重ねた。いまも昔も一時たりとも止まることなく流れ続ける水を手のひらで受けとめた。

地元の食堂でキムチを食べ、故郷の水を飲み、慶尚北道の方言にひたった。ナザレ園で歌った後は何も考えず、父母の故郷の風景にただ身をゆだねた。5日間の旅はこうして終わった。

歌で日本と朝鮮半島をつなぎたい

日本に戻った桂仙さんは天野先生に会いに行った。「歌で日本と朝鮮半島をつなぎたい」という思いを伝えると、恩師はこう言った。

「あなたには在日としてやるべきことがある。社会に伝えなさい。歌の相談はどうしても迷ったときだけいらっしゃい」

桂仙さんは店の近くに小さなスタジオを設立した。恩師に指導してもらったように後に続く若者を育てよう、お世話になった地域に貢献しようと願い、20畳ほどの部屋にグランドピアノを1台置き、30人近くの観客を呼べるようにした。

歌の指導にも本格的に取り組んだ。南北の朝鮮民族の歌を教えることができる歌手は関西では数えるほどしかおらず、日本歌曲と在日の歌を身につけたのは桂仙さんしかいない。日本人、在日を問わず少しずつ生徒が増えていった。ここで学び、プロになったあるテノール歌手は筆者にこう語った。

「在日で本名を名乗って歌っているのは金先生だけでした。先生は在日への蔑視や差別の防波堤のような方です。いつも笑顔で、決して口にしませんが、傷ついたことがなかったはずはありません。歌手なのに自分を売り込むことができない奥ゆかしさに歯がゆくなるけれど、自分のことよりも後輩のために力を尽くす先生は勢いがあり迫力がある。僕も民族の歌のすばらしさを伝えたい」

うれしいことがあった。歌を教えた朝鮮学校の教師がプロを目指して大阪音楽大学を受験、合格して卒業し夢を叶えた。音大の在日の卒業生も桂仙さんのもとに集い、民族の歌曲を学び、歌う研究会を立ち上げた。場ができると新たな出会いも生まれる。

個人レッスンにママさんコーラス、スタジオが起点になって歌のサークルもできた。コリア語も教えはじめた。伊丹市や高槻市のカルチャースクールで「歌って覚えよう！　やさしい韓国語」講座を受け持った。生徒は20人ほどの韓流スターにときめく20歳から80歳の女性たち。桂仙さんは、日本の童謡をコリア語で歌うことからはじめた。

「♪さいた、さいた、チューリップの花が〜。はい、次はコリア語です。とても似てますよ。

♪ピョッタ—、ピョッタ—、トゥ—リップゥ〜……」

慣れ親しんだ日本の童謡をコリア語で教えた。参加者は驚いた。

「まあ、韓国語って日本語と似てるわ、これならいけるかも」

「主語、述語の順番も一緒です。ドイツ語やフランス語みたいに男性、女性名詞の区別もありません」

「お勉強だと疲れるけど、歌を通してなら苦にならん。いつか韓国語で（韓流スターの）ヨン様にラブレター書けるまでがんばるわ」

講座が終わっても交友が続き、いまも年に数回、食事会などをともに楽しんでいる。歌が人をつなぎ、人の輪がさらに広がってゆく。独唱が二重唱になり、輪唱から合唱に育ってゆくように。

桂仙さんは市民の集会や日本の大学に講師として呼ばれるようになり、ナザレ園や韓国残留日本人妻の望郷の思いを伝えた。

「私でいいのかとの思いもあります。たった一度の訪問で伝える資格があるのかと悩みます。でもあの方たちのことを思わない日はありません。歌い続ければ出会いがある。ひとりでも多くの方が異国で生きる日本人妻に気づき、同じように異郷で暮らす在日の思いを知れば社会はもっと優しくなれるはずです」

ナザレ園再訪

桂仙さんはナザレ園を訪れて以後、日本人妻たちの望郷の思い、韓国に骨を埋める決心を語る言葉を何度も思い返し、再訪を決心した。大阪ガールスカウト豊中支部の友人も賛同し、日舞、マンドリン、茶道、そして桂仙さんに在日の歌『マウメコヒャン』を贈ってくれた作詞家ら10人で向かった。

2回目の旅には飛行機を利用した。関西国際空港から韓国・釜山まで2時間もかからない。ナザレ園での3年ぶりの再会、日本人妻たちは皆あの日と同じ笑顔で迎えてくれた。そのとき、ふと気が付いたことがあった。

「まるで韓国人のようなたたずまい」

入所する残留日本人妻の歩き方や座り方、服装や話し方、それに食事の仕方など生活の所作が醸し出す雰囲気はもはや「日本人」には見えなかった。日本語で会話するときには日本人に戻るが、陽光のなかを散歩しながら、くつろいで韓国の方言を話す姿は韓国人に他ならなかった。

桂仙さんは思った。

「自分が生きる場所が母国になる。在日の私も朝鮮民族の心を持つけれど、日本に戻ると日本がかけがえのない母国になる。国境って何なのか、何が在日を『在日たらしめるのか』。日本で生まれ育ち、日本に支えられて生きる私は何人なのか」

国家の壁を越え、分断を越えるために自分が依って立つ揺るぎない立ち位置はどこにあるのか。在日に根差しながらも、在日を超えなければならないのではないか。桂仙さんはそう考えるようになった。

この時期、桂仙さんの地道な歌手活動を韓国からも応援したいという声があがり、ソウルの祥明大学での講義や韓国の名門楽団との共演に呼ばれるようになった。韓国に渡航する機会が増えたのだが、日本に帰国するたびに「故郷にもどってきた」と安堵する自分に気づいていった。

「私は……大阪生まれの……そう。MADE IN JAPAN」

フランスへの旅と平昌五輪

「世界は広い。もっと歌を知り、歌を磨きたい」

68歳になった桂仙さんは、はじめてヨーロッパに向かった。妻として、母としてこれまでは自分のためだけに旅に出ることなど許されなかった。音楽大学ではドイツ語やイタリア語に毎夜涙を流すほど苦しめられたが、嫌なことはすべて忘れ去るのが桂仙さん流。音大の後輩に誘われフランス南部のトゥールーズで、世界的に活躍する著名な日本人ソプラノ歌手の1週間の歌のレッスンを受けた。

ちょうどこのころパリで連続テロ事件が起き、多くの犠牲者が出た直後で不安もあったが、行かないと後悔することだけは確信していた。アパートを借りてのはじめての共同生活。まるで学生時代の合宿だ。街には黒い肌、褐色の肌、白い肌、さまざまなルーツを思わせる人々がいた。桂仙さんは驚いた。

「日本社会で在日は見た目ではそうとわからないけれど、フランスにはこれほど違う人たちが暮らしている」

異なる人種、民族、言語が醸し出す文化の多様性、違いを前提にしなければ人間関係も社会も成り立たない。

そしてワインや絵画、彫刻、音楽など、フランスには日常生活に潤いを与える文化を育てようとする空気があった。市民革命を成し遂げて自由と平等を勝ち取った人々の闘いを、歌で伝えてきた歴史にも触れた。

この時期、フランスの至るところで飛び交った言葉がある。「たゆたえど沈まず（Fluctuat nec mergitur）」、パリ市の紋章に記されている標語だ。戦争と革命、激動の歴史の波に翻弄されながら、それでもパリは沈まないという意味が込められている。

テロ事件を報じる新聞、テレビ、街角で掲げられるプラカード、至るところにこの歴史的なスローガンの言葉があふれていた。「たゆたえど沈まず」。沈むことなく、社会の分断に立ち向かおうとする決意が現代のフランスの人々を鼓舞しているように桂仙さんは感じた。

２０１８年2月。朝鮮半島では、歌の政治利用が際立った。

北朝鮮の核開発をめぐりアメリカとの軍事的緊張が高まるなか、北は国内の祭典において歌を宣伝扇動の手段とした。そしてアメリカを軍事的な後ろ盾とする韓国で平昌冬季五輪が開催された。北は韓国とアメリカを引き離すために、芸術団を派遣した。

北朝鮮の元山から貨客船・万景峰92号が三池淵《サムジョン》管弦楽団を乗せて韓国に渡った。万景峰92号は北が国連加盟した１９９２年に就航し、日本とのあいだを行き来した。その後、日本の対北制裁により往来がなくなったため、元山に係留されていた。三池淵管弦楽団はこの船を宿舎にし、氷上競技が行われる江原道江陵とソウルで公演した。指導者を称え体制を宣伝することはなかった。だが南北統一の悲願をこめた北の曲には、韓国と協議の上、もとの歌詞にはない「独島もわが祖国」が加えられた（独島は島根県竹島。日韓係争の地）。

桂仙さんは複雑な思いを抱いた。日本では平昌五輪に否定的な報道も少なくなかった。それでも、歌が南北をつなぎ、統一が近づくことへの期待が懸念を上回った。2月4日、南北合同の女子アイスホッケーチームの初陣となったスウェーデンとの強化試合には、３千人の韓国市民が仁川の観客席を埋めた。試合開始前、国歌の代わりに朝鮮民謡『アリラン』が演奏され、会場の隅々まで大合唱が響いた。韓国市民は、合同チームの選手たちに南北の分け隔てなく声援を送った。

開会式で市民は白地に青く朝鮮半島を描いた統一旗を振り、「我々はひとつ」と書いた横断幕を揺らした。韓国と北の選手は「コリア選手団」としてともに入場。北からは金正恩の妹・金《キム》与正《ヨジョン》、政権ナンバー2も38度線を越えて参加し、南北の融和ムードを演出した。

一方、日本は統一旗に独島が描かれていたことに対し、政府として抗議した。五輪は国家の思惑に染められた政治ショーとも言われる。北の参加に反発する韓国、日本の市民の声もある。それでも桂仙さんはテレビの映像から目を離せず、食い入るように場面を凝視した。

韓国の国歌『愛国歌』が流れると、涙がこみあげた。韓国でも朝鮮民族と他民族の結婚で生を受けた混血の人々が生きている。歌うのは褐色の肌、白い肌、青い目、赤い毛の多様な「韓国人」だった。懸命に国家を歌うかれらの姿に、桂仙さんは在日の行く末を重ね合わせていた。

尊敬する先生方とともに（左側が矢野蓉子氏、
中央右が天野春美氏、右側が渡邉弓子氏）

第6章　神戸・長田の老人ホーム「故郷の家」

――ともに分かち合える歌を

「故郷の家・神戸」のコンサートで歌う金桂仙さん（舞台上、左側）

老いをともに抱きしめる

70歳が近づいてきた。歌手として、年齢との闘いもはじまった。桂仙さんの歌のペースは落ちた。人前で歌う機会は2か月に1回ほどになったが、請われれば決して断らない。日本の歌、朝鮮半島の歌、イタリアや在日コリアンの歌、求めに応じてベストを尽くす。心に念じているのは、「歌をして語らしめる」。帝国ホテルの豪壮なステージでも、市民集会の手作りコンサートでも毎回が一期一会、全力投球ですべてを歌に託す。

だが「老い」は避けられない。以前患った狭心症も再発した。時代に置いていかれないよう新しい曲にも取り組むが、つかんだ瞬間に零れ落ちる記憶。「メメント・モリ（死を想え）」というオペラで学んだ中世ヨーロッパの格言を心に刻みなおし、残された時間から目を逸らさない。死を意識することで、生きることの意味が浮き彫りにされる。老いは誰にでも訪れる。ならば楽しもう、歌で人々とつながり、老いをともに抱きしめようと、桂仙さんは考えている。

あるひ　もりのなか
くまさんに　であった

在日女性のコーラスグループ「ア・ジュマーズ」。平昌五輪の最中、桂仙さんの幼馴染をはじめ10人の二世が集まった。大阪市内のスタジオで、さまざまな歌を練習している。気心の知れたおばちゃん同士で歌唱力を高めようと、遠慮のかけらもない批判が飛び交う。

「もっと声を出して。クマさん元気ないよ、もっと可愛くね」

「花咲く森の道になってないよ。ご主人さん亡くしても頑張らな」

桂仙さんの熱心な指導にうながされ、輪唱の練習を繰り返す。ア・ジュマーズのおばちゃんメンバーたちが、高らかに喉を鳴らす。

桂仙さんは大仰に腕を振り回し、足先でリズムを踏んで指揮をする。

「子どもを叱ることも、御主人とケンカすることもなくなると大声出さないでしょう。はい、大きく口を開けましょう」

桂仙さんを中心にはじめて集ったのは2年前。メンバーは皆それぞれの「老い」を生きている。

「ここに来ると60年前の高校生に戻れるねん、あのころは美しかった……」

「ええ加減にしなさい。あんたフラれてばっかりや。過去を美化したらあかん」

「命の洗濯です。童心に帰って思い切り歌うと寿命のびますねん」

「ええ人ほど早死にすると言うから、あんた150歳まで生きれるわ」

この場が何よりの生きがい、と話す人がいる。60歳から80歳まで平均年齢70歳。元病院の婦長さん、居酒屋の店長、そして夫を失った「おひとり様」……。人生経験豊かな面々も、ともに歌をうたえば出会ったころの少女時代に戻る。

「祖国の統一。高校時代は夢があった。でも、いまはあかんわな、拉致に核、悲しなるわ」

「韓国のオリンピック開会式で南北一緒の入場を見たら泣けて泣けて……。自由に行き来できれば、必ず分断は終わる」

母校の朝鮮学校の生徒数は、減少の一途をたどっている。高校・大学進学を機に、日本の学校に移ったり、日本への帰化を選択したりする生徒も増えている。時代に合わせて教育内容も変わらざるを得ない。日本社会で生きていくために、日本のことも教える必要がある。国や自治体からの補助金を受けるために、「偉大なる首領様」の肖像を撤去した学校もあった。「うちの孫、民族学校やのに金日成、知らんかった」。祖国の歩みを知らない若い在日の姿に、ショックを受ける二世もいる。

最近は、在日の若い世代が日本人と結婚するケースも多い。

「在日は五世、六世になると祖国は日本になるでしょう。それは抗えないし、喜ぶべきかもしれない。でも二世は違います。一世の記憶、民族の誇り、父母の故郷は未来の在日も心に刻み継いでほしい」

だからこそ老いの日々を在日二世、三世同士で分かち合い、励まし合う。

「家では誰も待っていない。暗い暗い。ひと言も話さない。歌うことだけが喜びです」

「独りが身にしみるクリスマスや花見の季節はいや。集う場がないとおかしくなる」

そして歌が、新たな生きがいをもたらしてくれるという。

「歌うと長生きできるわよ。人前に立つと化粧もするし、身なりにも気をつかう。しゃんと立ちたいと思うと筋トレも苦にならないよ」

「少しでも統一に近づくために何かしたい。ひとりじゃできないけれど、桂仙や仲間と一緒ならきっとできる。在日と日本の若い世代にいつか歌を届けたい」

老人ホーム「故郷の家」の一世たち

在日女性コーラスを指導する日々のなか、桂仙さんははっと気づいた。

両親に歌で統一を届けたいと願ってきたが、気が付けば父が亡くなったのと同じ69歳になっていた。朝鮮半島の故郷を追われ、祖国を分断される苦しみを味わった在日一世は、次々と天に召されてゆく。韓国残留日本人妻に歌を届けることができたが、日本に暮らす両親の世代に対してはどうだっただろうか。

桂仙さんは、神戸市長田区の真野地区に向かった。

明石海峡大橋のかかる瀬戸内海が街の南に広がり、ときおり上海や釜山に向かうタンカーの汽笛が響く。ひとつ10円のべっ甲飴、30円のアイスキャンデーを売る駄菓子屋さん。風呂おけを抱え、銭湯に向かう熟年夫婦。家の前に椅子を並べて世間話に興じるお年寄り……。「昭和」の香りが濃厚に漂う街には多くの在日コリアンが暮らす。ベトナムや中国から働きに来た若者が集うカフェもあり、最近はミャンマーからの留学生がはじめたカレー屋が評判になっている。

２００２年、日韓共催のサッカーワールドカップの会場になったノエビアスタジアム神戸（当時は神戸ウィングスタジアム）とＪＲ新長田駅の中間にある真野地区は、「多文化共生の地」として知られる。

人口およそ４３００人、海のそばにあり、三ツ星ベルトなどの工場が立ち並ぶ工業地域だ。長田区には、ビニルやナイロンなど化学合成素材を使ったゴム底の大衆靴「ケミカルシューズ」の製造に携わる在日が多い。

多文化共生の街づくりが知られるようになったきっかけは、阪神淡路大震災だった。１９９５年に起きた震災は、長田区に壊滅的な被害をもたらした。路地の入り組む住宅密集地で火災が発生した。

倒壊した家屋の下敷きになった被災者を、日本人と在日の住民が手を携えて救出した。避難所になった小学校でともに炊き出しを行って暖を取り、寒い夜を励ましあった。桂仙さんの知り合いも、数多く長田区で暮らしていた。彼女は幾度も足を運び、支援物資を届けた。

だが、被災地でより深刻な犠牲を強いられるのは社会的弱者だといえる。真野地区では身寄りのない在日高齢者が孤独死をしたり、かれらが職場を失って生活が立ち行かなくなったりするケースが相次いだ。

震災後、長田区では復興のために駅前再開発がすすめられた。しかし、高層マンションが建っても人口は減少の一途を辿り、肩を寄せ合い支えあってきた地域の絆は失われていった。大型の再開発ビルに入った商店のなかには、新たな経済的負担に耐えられず店じまいするものも後を絶たなかった。そんななか、在日の高齢者の居場所を求める声が上がった。

こうして2001年、在日の老人ホーム「故郷の家・神戸」が開設された。鉄筋コンクリート造りの地下1階、地上3階建て。50人ほどの利用者の大半が一世で、平均年齢は87歳、100歳を超える人もいる。

老人ホームを利用するのは、在日の人々だけではない。20人の日本人高齢者も寝食をともにしている。「故郷の家」は毎月、利用者の誕生会、正月や七夕など季節の行事を企画し、施設を地域に開放してきた。次第に近所の人たちにも知られるようになり、ここで暮らす日本人が少しずつ増えていった。

施設の屋内には日本製のソファと、韓国の家庭で使われる赤、黄、青と色彩豊かなソファが並ぶ。仮面や絵画など朝鮮半島ゆかりの調度品が至る所に飾られ、ホールにはカウンターがあり、「スナック・コヒャン」と書かれた看板が掲げられている。中庭には、かつてキムチや醤油を入れ土に埋めて保存した甕が所せましと並べられている。

定期的に韓国のお茶やお菓子、ときにマッコリや焼酎も楽しむことができる。K-POPや朝鮮民謡、日本の演歌のカラオケ大会もしょっちゅう開かれ、日本対韓国の「のど自慢」国際マッチが繰り広げられる。施設の中央には日当たりの良いサロンがあり、お年寄りたちが穏やかな表情で、コリア語での会話を楽しんでいた。

「もう南にも北にも戻ることはないわ。ここで最後までおる」

「故郷は忘れたわ。ここでええねん。まわり在日やし、気疲れせえへん」

「日本の老人ホームは嫌や。年取って我慢しとうない。梅干しなんか嫌や。キムチもニンニクも食べないと生きられへん」

故郷から遠く離れた異郷で最後を迎える姿は、韓国ナザレ園の日本人妻たちと変わらない。そしてここでも、歌は生活の一部になっていて、日本や韓国の曲がいつも流れている。お年寄りの多くは車椅子生活で、認知症が進行している人も少なくない。体や言葉に不自由があっても、お気に入りの曲が流れると和らいだ表情になる。

介護スタッフは、施設に音楽は欠かせないと話す。

「皆さん音楽が好きで、とにかく日本、韓国の国境を越えて音楽で結ばれている、また音楽で癒されているという感じです。麻痺で言葉が出ない方もいますが、音楽を聞くと顔が一変する。その方が歩んできた道そのものが出るんです」

施設で研修をしたいと韓国の大学生も次々とやってくる。若い世代の韓国人は在日コリアンの存在をほとんど知らないという。

「韓国語をすごくしゃべりたかったんだろうなと感じました。日本語と韓国語を混ぜて話している方が多いですけども、『故郷の家』に入って自由なんだなと、キムチが食べられて自由に生活して自分を表現しているんだなと思いました」

2階に行くと、お年寄りが暮らす4人部屋が並んでいた。かつては日本人と在日の入所者が別々の階に住んでいたが、開設して2年後、階を同じくするようになった。

「故郷の家」では、在日も日本人もともに「8月15日」を過ごす。日本にとっては敗戦の日、在日にとっては祖国解放を記念する光復節。加害と被害の記憶がよみがえる日韓にとって特別な日を、日本人と韓国人が一堂に会して記念する場は他にないだろう。お年寄りたちは一階にあるチャペルに集う。気持ちを分かち合うことはできない、と固辞する人もいるが、ほぼ全員が参加する。壁一面の窓から燦燦と差し込む陽光を浴びながら、白地に赤と青と黒が鮮やかな韓国国旗「太極旗」を振り、韓国の国歌『愛国歌』（作曲 安益泰）を合唱する。

東海が乾き果て　白頭山が磨り減る時まで
神が御護りくださる我が国　万歳
無窮花　三千里　華麗な山河
大韓人よ　大韓を永遠に守ろう

南山の老松が

鉄の鎧をまとったように
風霜の変わらざるは
我らの気性なり

広い秋の雲ひとつなく澄み渡り
輝く月は　我らの精神　誠実な心なり

この気性とこの心で忠誠を尽くし
辛くとも　楽しくとも　国を愛そう

韓国国歌が終わると、静かにブラインドを下ろす。ついで、仄暗く粛然となった室内で『君が代』を歌った後に、『アリラン』を合唱する。最後は会場の電気を消す。ろうそくの明かりのなかで日本の唱歌『故郷』を歌い、朝鮮半島と日本の平和を祈る。

最初、在日の入所者から、日本人には参加してほしくないという声があがり、取っ組み合いのケンカまで起きた。日本社会の不平等が許せない、と怒鳴る人もいた。日本人は国の社会福祉制度に守られてきたが、在日コリアンは外国人であり、２００近い項目で保護の対象外だった。

１９７９年、日本は国際人権規約を批准し、81年に難民条約に加盟したことで、翌年から在日の人々は国民年金や国民健康保険や児童手当などの社会保障制度の対象になった。

しかし当時、年金は25年間掛け金を払わなければ受給が認められず、35歳以上の在日は対象外とされた。１００歳の在日女性は言う。

「社会の片隅で息を潜めるように生きてきたんです。チョンコチョンコ言われて辛くて学校は途中でやめた。仕事もなんでも保証人を求められた。私らが何か悪いことしたんやろか。病院行くのも、薬買うのも高くて躊躇しました。やっぱりわだかまりはあります」

いまも、日本人には会いたくないと部屋から一歩も出ない在日のお年寄りがいる。それでも「故郷の家」では、日本と韓国双方の文化を尊重し、初詣や節分、そして朝鮮民族の風習にならい祖先に感謝を捧げて歌をうたう「コリアンディ」など、四季折々の行事を続けてきた。料理のメニューもキムチなど朝鮮伝統食を用意するが、梅干しやうどんなどの和食も自由に選べるようにしている。大きなテーブルを用意し、ご飯だけはできるだけ皆で一緒に食べるよう入所者に勧めている。

歩み寄るきっかけは言葉だった。

在日一世の多くは、教育を満足に受けることはできなかった。植民地統治時代の故郷では民族の言葉は禁じられ、移り住んだ日本では生活に追われて学校に通えなかった。日本語の読み書きが不自由で新聞や本を読めず、時代の動きに取り残された。手紙を書けず、読めず、かけがえのない絆を手放さなければならなかった。御礼やお詫び、愛情と友情、切実な思いを伝えられずに恋人や友人を失った。できる仕事も限られ、未来の可能性は閉ざされたという。読み書きできないゆえに「生きる価値」がないとまで蔑まれ、深く傷ついた。辛い思いをしたくないと社会との交わりを避けた。そんな在日の利用者の気持ちを知った日本のお年寄りと施設のスタッフは、日本語の綴り方教室を開いた。小学1年生の教科書と漢字ドリルを用意し、緊張に震える手にそっと手を重ね、「あ　い　う　え　お」と文字を書く練習を繰り返した。

漢字には苦戦させられた。ひとつ覚えるのに数日が必要だった。ついに「故郷」という文字を書くことができた在日のお年寄りは顔を輝かせ、墨書をベッドの上に飾っていた。「む　か　しむ　か　し　あ　る　と　こ　ろ　に……」。一休さんや桃太郎などの絵本を開き、覚えたての文字を指で辿りながら音読した。

教師を務める日本人スタッフは言う。

「お孫さんにお手紙を書きたい、と90歳で学びはじめたんです。そして2年後、葉書を出された。感動して泣いていらっしゃった。私もお礼のお手紙貰ったんですよ。泣きました、この年で誰かの役に立てるなんて……」

尹基さんのこと

日本ではじめての在日コリアンのための老人ホームは、1989年に大阪の堺で設立された。その後も在日の老人ホーム設立を求める声は途切れることはなく、コリアタウンのある大阪市生野区や、そしてJR京都駅南の東九条に施設が作られた。

京都・鴨川の河川敷には、戦前から朝鮮半島出身者が木造のバラック小屋で暮らしていた。1965年までは電気も通じず、「飲料に適さない」川の水で生活していた。その後も長らく上下水道は整備されず、生活排水も垂れ流しだった。雨が降ると膝まで泥に浸かるほどぬかるみ、異臭に見舞われた。行政に見捨てられた「ゼロ番地」と呼ばれた地域において、文化ホールも併設された在日の老人ホームが誕生した。

このホームを立ち上げたのは、尹基（日本名・田内基）さん。異国で人生の最終章を迎える在日のお年寄りに故郷のように安心できる場を提供したいと願い、半生を捧げている。

その人生にも、朝鮮半島と日本の相克の歴史が刻印されている。尹基さんは1942年、日本統治下の朝鮮半島生まれ。母は日本人でありながら、韓国の孤児3千人を育てた田内千鶴子。

千鶴子は、植民地統治を担う朝鮮総督府の官吏のひとり娘として生まれた。父の仕事で海を渡り、現在の韓国南部・木浦で教師になった。木浦の学校に通う子どもたちの暮らしには大きな格差があり、日本人以外の子は日々の食事もままならない状態だった。千鶴子は自分が果たすべき使命について思い悩むようになった。そして24歳になったとき、学校の恩師にこう言われた。

「この街には木浦共生園という孤児院がある。だが子どもたちはどうしても笑わない。かれらは日本に土地を奪われた農民が捨てた子だ。行ってくれないか」

千鶴子は言われるままに、海風が吹き付ける丘に建つ掘っ立て小屋に向かった。そこで敬虔な朝鮮人クリスチャンの尹致浩《ユンチホ》に出会った。そのとき尹は19歳、橋の下で震えていた7人の孤児を救済し、ともに暮らしていた。周囲から「乞食大将」と嘲笑されるほど貧しい暮らしを送っていたが、弱き者のために持てるすべてを捧げるその姿に打たれ、千鶴子は結婚を決めたという。

しかし植民地における支配する側とされる側の婚姻生活は、それ自体がひとつの試練だった。千鶴子は、夫が設立した孤児院「共生園」の仕事を手伝った。親を失い、傷ついた子どもたちを楽しませようと歌ったり、日本の琴を演奏したりしたが、木浦の朝鮮人市民から激しい憎しみの視線を向けられることも少なくなかった。そして結婚して6年が過ぎたとき、日本は敗戦を迎える。

植民地支配からの解放に沸き返る朝鮮半島では、日本人への怒りの感情が吹き荒れた。千鶴子も排撃の対象になり、暴徒と化した群衆が「親日派」の施設である共生園を取り囲み、妻を守ろうとした夫は殴り倒された。

命の危機にさらされた千鶴子を救ったのは、孤児たちだった。かれらは小さな手で棒切れを握りしめ、こう叫んだという。「日本人でも僕たちの母さんだ。手を出すな！」

だが、その後も試練は続いた。解放後は南北の分断が深まり、朝鮮戦争がはじまった。共生園を支えてくれた人々は木浦を去った。夫は食糧を求めて旅に出たまま行方不明になり、どれだけ待っても帰ってこなかった。

戦争は激しさを増し、親を亡くした子どもが次々と共生園に連れてこられた。孤児は500人を超えたが、資金も食料もなかった。それでも千鶴子は夫の遺志を受け継ぐ決意を固め、命を削るような努力をして共生園を守った。

1968年、千鶴子が56歳で亡くなったとき、木浦市は市民葬を開いた。3万人もの韓国人が木浦駅前の広場に参列し、彼女の死を悼んだ。地元の新聞は「木浦は泣いた」と報じた。

千鶴子の生涯は映画にもなった。1995年、日韓合同で制作された『愛の黙示録』(監督 金洙容)は両国の架け橋となった事業だ。日本の音楽や映画などを禁じてきた韓国政府は1999年、日本大衆文化解禁認可第一号としてこの映画の国内上映を許可。当時の小渕恵三総理は「韓国での上映が今後の日韓文化交流の出発点になったことを心より喜んでいる」と語り、共生園に梅の木を寄贈した。

韓国のために生きた母・田内千鶴子は、尹基さんを孤児と同じように共生園で育てた。少年時代は母の愛情を疑い、家出と反抗を繰り返した尹基さんだったが、1968年に26歳で園長になり、幼児から高校生まで320人の父親代わりになった。高齢者や障害者に寄り添うため、済州島など韓国各地に福祉施設を設立した。そして園を退所した後、子どもたちが職を得て困窮しないよう、ソウル少年少女職業訓練学院の運営もはじめた。

韓国の社会的弱者のために奔走する尹基さんを日本に向かわせたのは、死の間際の母のひと言だった。「梅干しが食べたい」。ガンを患い、病床で消え入るようなか細い声でふるさとの味を求めた。尹基さんは、衝撃を受けたという。

「韓国で50年間暮らした母、キムチを食べてチョゴリを着た母。韓国語で生活してきた母なのに体が弱くなると日本語に変わっていった。日本人であることを忘れたかのように韓国のために生きたのに、最期は故郷の食べ物を求めた……。そうだ、日本で暮らす在日のお年寄りはどんな日々を過ごしてるのだろうか、ふるさとの言葉、懐かしい故郷の味を求めているのではなかろうか……」

80年代はじめ、尹基さんは突き動かされるように母の祖国に向かい、在日高齢者の実態調査を行った。そこで知ったのはかれらの貧しさだった。パチンコ業などで成功した人はごく一部で、大半が身寄りもなく老後の備えもなかった。娘や息子が老いた親の面倒を見るのは韓国では当たり前だが、在日社会で人々は生活に追われ、家族がバラバラになっていた。およそ１４００人の高齢者が一切収入もなく、支えてくれる人もいない孤立した状態にあった。

尹基さんは打ちのめされた。

「高度成長を成し遂げた日本で在日は楽な生活をしていると想像していたけど、取り残されたままだった。お年寄りが東京の大都会で死んでから13日ぶりに見つかったり、大阪でも死後6か月も誰にも発見されなかった。その上、遺体の引き取り手も現れない」

当時、65歳以上の在日はおよそ10万人。その2割近くが年金を支給されず、孤独死が相次いでいた。1984年、新聞に寄稿し、在日社会のみならず韓国と日本の市民にも寄付を呼びかけたところ、7千人近くが賛同し、日本はもとよりアジアでも初となる「外国人」のための多文化老人ホームが開設されたのだった。

歌が描き出す「ふるさと」

桂仙さんは思った。

「慶州『ナザレ園』、木浦『共生園』、そして『故郷の家』。異国に生きる人々に寄り添いたいと願う市民の信念が作り上げた。私も歌で父母に統一を届けたいと願ってきた。さあ歌おう、在日一世のために歌を届けよう」

2018年3月12日、長年活動をともにしてきたピアニスト、桂仙さんの後を追うように朝鮮学校の教師を辞めて大阪音大に入りなおしプロになった男性歌手、そして旧知の音楽仲間と連れ立って「故郷の家」を慰問した。

長く日本列島に留まった寒波も過ぎ去り、神戸の空には雲ひとつない。潮風も止んで柔らかな春の日差しがホールの窓から降り注ぐ。4割が日本人、6割が在日コリアンでその大半が一世だ。

認知症の人や体が不自由な人が大半で、演奏時間は長くて30分が限度だった。桂仙さんたちは、何度も相談して数曲に絞り、練習に時間を割いてきた。

桂仙さんは、日本歌曲『浜辺の歌』から朗々と歌いはじめた。あっという間に穏やかな空気が会場にいるお年寄たちを包み込む。次に、１９３０年に作られた韓国歌曲『故郷を思う』（作詞作曲　玄済明）を歌った。

山を見るなら　ふるさとの山
川を見るなら　ふるさとの川
奪われた祖国を　取り戻すまで
帰りはしない　ふるさとの村

母を思えば　ふるさとの家
父を思えば　ふるさとの畑
闘い続けて　荒野に眠る
夢を見るなら　ふるさとの夢
空を見るなら　ふるさとの空
花を見るなら　ふるさとの花

たとえ異国に　果てるとも
いつの日にか　帰らん　ふるさとの土

「ああ……」。聴衆のあいだに、消え入るようなかすかなため息が広がる。ナザレ園で日本人妻たちに歌を届けてから9年の歳月が流れた。在日一世と韓国残留日本人妻、異郷に生きる人々に「歌で故郷を届けたい」と桂仙さんは願い続けてきた。日本人の利用者は日本の歌に、在日の利用者は韓国の歌に感応し、全身で歌に浸っている。かすかに動く指を組み合わせ、祈るかのごとくじっと目を閉じる人もいた。

この日は最後に、滝廉太郎が１９００年（明治33年）に作った日本歌曲『花』（作詞 竹島羽衣）を披露した。

春のうららの　隅田川
のぼりくだりの　船人が
櫂のしずくも　花と散る
ながめを何に　たとうべき

見ずやあけぼの　露あびて

われにもの言う　桜木を
見ずや夕ぐれ　手をのべて
われさしまねく　青柳を
錦おりなす　長堤《ちょうてい》に
暮るればのぼる　おぼろ月
げに一刻も　千金の
ながめを何に　たとうべき
ながめを何に　たとうべき

よみがえる過ぎ去りし日々、歌が描き出すふるさと。お年寄りたちは、まるで母に抱かれた幼子のように安堵した表情で歌に聞き入っている。その深いしわが刻まれた頬に、涙が静かに伝っていった。30分の公演はあっという間に終わった。施設のスタッフによると、この日は皆がいつになく集中し、歌を鑑賞していたという。

桂仙さんは体の底からこみ上げる深い喜びを感じていた。

「施設のスタッフ方々が本当に温かく迎えてくれました。お誕生日の歌を英語、日本語、コリア語で歌い、ともにお祝いさせていただきました。日本人の利用者も在日の利用者も日本の歌、韓国の歌に『故郷』を感じてくれたようです。これが私の使命でしょうか。両国の歌がうたえることが誇らしく、在日二世でよかったと思えた瞬間でした」

ともに分かち合える歌を

70歳を前にした桂仙さんは、恩師である天野先生を訪ねた。

先生はすでに80歳を超えている。指導者として教え子に向き合うことはできなくなったが、師弟関係は変わらない。桂仙さんは言う。

「歌に終わりはありません。年齢は関係ない。どう生きているのかが大事だと思います、歌は正直です。自分がどんな年輪を刻むのか、すべて歌に表れます」

桂仙さんは、幾つになっても終わりなき歌の道を歩み続ける師の姿に触れるたび、頭が下がるという。生徒になって20年。最近では食事会や旅行、コンサートを一緒に楽しみ、大人の交流を続けている。しかし歌を生きることに悩み、不安に眠れなくなると、先生を頼った。

「年齢を重ねて祖母になっても、悩みや不安は尽きません。いつでも頼ることができる先生への感謝の気持ちは言い尽くせません」

家族全員で支えてきた焼肉店は息子が継いだ。桂仙さんは、週に数日手伝うだけになった。大阪は食の激戦区。気が付けば、この地域で35年以上続いている唯一の焼肉店になった。

まもなく、古稀を迎える。人生の節目は、これからの日々を考える起点になる。

息子は「日本への帰化」を決めた。

桂仙さんは韓国籍から朝鮮籍に変更した後、ふたたび韓国籍を自ら選んだ。家族で帰化についても話し合うようになった。在日一世から託された民族の心を大切に持ちながら、人生の最終章をどう生きるか。桂仙さんの思いは、しかしもう揺らぐことがない。

「息子の決断には親として異議はありません。ただ民族のルーツを知ってくれればそれでいい。生まれた国が故郷です。いま生きる地に根をはり、花を咲かせて、隣人と手を取り合うことこそ大事なのだと思います」

桂仙さんがこれまでの歩み、歌への思いを筆者に綴ってくれた文章を最後に紹介したい。

「辛いと思ったことは結婚してから本当に何もないゼロからのスタートだったことでした。貧しさのなかで生きることを目の前に突き付けられたとき、『頑張らなくては』との思いが沸々と込み上げてきました。ただ家族のために生きてきた夫とひたすら働いてきました。歌のプロとして東京で暮らした20代、お正月に大阪に帰省するお金ももったいなく、夫と小さなアパートで未来を語り合いました。

前向きで、明るく生きることを教えてくれた両親には感謝の気持ちで一杯です。でも、私はこれまで『自分とは何者なのか』があまりわかりませんでした。

在日の世界は狭い。10坪の貸し店舗から30坪の自分たちの焼肉店を持てたとき、48才で大阪音大に入学したとき、関西の音楽界で歌を披露するようになったとき、まわりの先輩、同窓生、後輩が次々に去っていきました。なぜなのか私にはわかりませんでした。『もう歌をやめたら』『ええ加減にしたら』『あんたの歌に誰がお金払うの』『音大出だから上手なの当たり前や』……。いろいろと耳に飛び込んでくる陰口の言葉に涙が出ました。妻となり、母となり、音楽を続けている在日二世、民族教育を受け、コリア語を話し、朝鮮半島と日本の歌を歌う珍しい存在かもしれませんが、私は自分が特別とは決して思いません。だからとても悲しくなりました。

それでも去る人がいる一方で、応援してくれる先輩、同窓生、後輩もいます。何よりも家族が一番の理解者であり、伴奏者になってくれました。そして歌が多くの新たな出会いを届けてくれました。国籍に関係なく私を受け入れ、応援してくださる方々に出会えて私は本当に幸せです。いま、自分が在日の歌手として立っているのは、私のことを支え、励ましてくれる方々のお陰です。変わらず声援を送ってくださる日本の方もいらっしゃいます。心から感謝しています。

私が一時、歌を諦めたのは『在日だから』ではありません。結婚や仕事が理由です。在日二世は一世の苦労や信念を肌で感じながら、一世には難しかった自分の夢を追い求めてきました。私の夢はささやかなものですが、音楽の道を一途に追い求めることでした。北でも南でもなく日本で歌の指導を受け、学びました。三世、四世は国籍や国の壁をものともせず、大きな夢に向かって羽ばたける時代です。二世は一世とも三世以後の世代とも異なるのです。

私は女将、介護、子育て……妻として母として、嫁として生徒として普通の生活を懸命に生きてきました。すべてを投げ打って歌だけに生きることはできなかったので、ほどほどに歌ってきたのかもしれません。でも、誰もが背負う普通の役割に向き合ってきたからこそ、悲しみや苦しみを、草の根の方々とともに分かち合える歌を届けていける、そういう役割を生きることもできたと思います。これからも皆さまの心の灯になるように歌います」

桂仙さんは歌うことで国籍や民族や文化の分断を、そして在日の世界をも越えてゆき、人生の終盤でようやくありのままの自分を、そして自分が誰かとともに生きる「いま、ここ」という場所を肯定することができた。

歌はその場所をともに分かち合うためにある。彼女はステージに上がるときはいつも、その信念を挨拶に込める。

「こんにちは。大阪生まれのMADE IN JAPAN。金《キム》桂仙《ケソン》です。歌で〝故郷〟を届けたいと願っています」

あとがき

出会いは、今から10年前までにさかのぼる。

当時、在阪放送局のディレクターだった私は、在日コリアンへの人種差別的な暴力やヘイトスピーチが社会で横行するなか、本名で歌う在日の歌手がいると知人から聞き、番組への出演交渉にうかがった。

金桂仙さん、大阪在住の在日二世のソプラノ歌手。その謙虚な人柄に、すぐに魅了された。競争の激しいプロミュージシャンの世界、放送局には毎日のように売り込みが押し寄せる。だが桂仙さんは、終始「出演するのが私で本当にいいのですか」と繰り返す。何とか説得して収録のために歌ってもらうと控えめな姿は一変し、凛として堂々と歌い上げる姿に深い感銘を受けたのだった。

放送後、私は在日の視聴者から途切れることなく届く感想を読みながら、深く自問した。報道の果たすべきひとつの役割は、社会のなかで声をあげられない人々に寄り添い、背負わされた苦しみを同時代に問うことだろう。かつて赴任した冷戦の最前線ドイツのベルリンで、癒えることのない「分断」の歴史の傷を知ったにもかかわらず、私はこの国でともに暮らす在日の人々の声なき声に真摯に耳を澄ましてきただろうか。

いま、世界各地で移民や難民の受け入れをめぐって政治家などによる排外主義的な言論が跋扈し、経済格差の深まりがさらなる分断を社会に広げている。外国人労働者の受け入れが本格化する日本でも、偏狭なナショナリズムが満たされない人々の負の感情を煽る。このような時代だからこそ、私は桂仙さんの歌声が強く鳴り響くことを願っている。

朝鮮半島と日本を舞台に「分断」というテーマについて論じることは、どちらの政治的立場を支持するのかと踏み絵を迫られることであり、書くことで対立に与することもある。書きたくても書けないことのほうが圧倒的に多かったが、それでも書かなければ在日の人々が生きるこの分断の現実を読者に伝えることはできない。葛藤しつつもこのような思いから取材と調査を行い、原稿の執筆に取り組み、ひとりの在日女性である桂仙さんの人生の歩みに、歴史を乗り越える道のりを探った。

本書は、金桂仙さんはもとより、奉職先の阪南大学をはじめ、多くの方々の協力と理解の結晶に他ならない。毎日放送の榛葉健さんは、公私にわたって全力で私を支えてくれた。「取材させていただく方の人生を生涯背負い続ける覚悟を持て」という先輩の教えは、教員になったいまも日々反芻している。以上の方々に加え、本書の企画を後押ししてくださったノンフィクションライターの松本創さん、装幀を担当してくださったデザイナーの納谷衣美さん、出版社の新泉社に深く感謝を申し上げたい。

2019年1月18日

年	金桂仙　年譜	日朝韓現代史
1910		日韓併合
1917	父・金文寿、現在の韓国・慶州北道で誕生	
1918	母・申粉仙、慶州北道で誕生	
1919		日本統治下の朝鮮で3・1独立運動
1923		関東大震災朝鮮人虐殺事件
1924	母、6歳で両親と来日	
1926	父、9歳で両親と来日	
1934	父17歳、母16歳で結婚	
1937		盧溝橋事件。日中戦争が勃発する
1938		国家総動員法公布
1940		朝鮮人への創氏改名政策導入
1941		太平洋戦争勃発　朝鮮総督府により国民学校規定公布 朝鮮語学習の廃止
1942		朝鮮人徴兵制度を閣議議決（1944年施行）
1944		国家総動員法による国民徴用令実施
1945		日本の敗戦、朝鮮半島での植民地統治終結 北緯38度線を境に米ソが朝鮮半島を管轄
1946		後に韓国を支持する在日本朝鮮居留民団（民団）結成
1947		外国人登録令（5月）により在日朝鮮人は外国人と見なされる

年		
1948		済州島四・三事件が起きる 大韓民国（8月15日）および北朝鮮民主主義人民共和国（9月9日）樹立 日本でGHQの意向による朝鮮学校閉鎖令発令 阪神教育闘争。非常事態宣言が布告される
1949	大阪府吹田市で誕生	北朝鮮で朝鮮労働党成立。金日成が初代中央委員長に就任する
1950		朝鮮戦争勃発（6月25日）
1952		サンフランシスコ講和条約発効により日本の主権回復 在日韓国・朝鮮人は外国人登録法施行により日本国籍喪失
1953		朝鮮戦争休戦協定調印（7月27日）
1955	大阪府吹田市立第一小学校に入学	北朝鮮を支持する在日本朝鮮人総聯合会（総連）結成
1959		在日朝鮮人の帰国事業がはじまる
1960	北大阪朝鮮初・中級学校に転校	
1961		韓国で朴正熙による軍事クーデター
1965	大阪朝鮮高級学校に入学 音楽舞踊叙事詩「祖国の光とともに」に参加する	日韓基本条約調印
1967	コーラス部部長になり、日朝高校生交流会に出演	
1968	大阪朝鮮高級学校を卒業し、大阪朝鮮歌舞団に入団 3日に1回の頻度で西日本各地で公演を行う	
1970		よど号ハイジャック事件。赤軍派の日本人犯人グループが北朝鮮に亡命
1972	東ドイツ主催「世界青少年芸術祭典」在日代表に選抜されたが韓国籍のために参加できず	

1973	24歳で結婚、東京中央芸術団に入団する	東京で金大中氏拉致事件
1974	北朝鮮で公演する在日芸術団祖国訪問団に選抜されたが韓国籍のために参加できず	
1975	長女出産、東京中央芸術団が「金剛山歌劇団」に改名される	韓国で学園浸透スパイ団事件。20名近い在日留学生が逮捕・起訴され、有罪判決を受ける
1976	長男出産、子育てを優先し歌を断念する	
1977	東京から大阪に戻り、マンション管理の仕事に就く	
1978	夫がダンプカー転落事故	
1979	大阪府吹田市で飲食店開業	韓国で朴正熙暗殺事件
1983	大阪市淀川区へ店舗移設、女将業を開始 義母と同居をはじめる	
1984	このころから北朝鮮のみならず韓国歌曲も歌うようになり、在日コリアンのコーラスグループを指導する	
1987	父逝去（69歳）	韓国民主化宣言
1988		ソウルオリンピック開催。前年の大韓航空機爆破事件を受けて、アメリカが北朝鮮をテロ支援国家に認定する
1989	在日コリアンの特別養護老人ホーム「故郷の家・大阪（堺市）」開設式典で歌を披露する	冷戦終結
1991	北朝鮮の子どもへの募金援助のため「コリア芸術祭」に出演	北朝鮮・韓国が国連に同時加盟。南北基本合意書締結

1994		北朝鮮で金日成死去。核問題をめぐる米朝枠組み合意
1995	阪神淡路大震災チャリティコンサート「となりの人と共に」に出演 障がい者施設「金剛コロニー」で暮らす人々とのジョイントコンサートに出演	
1996	2年間、自宅で介護した義母が逝去（89歳） メニエール病で倒れる	
1997	北朝鮮を訪問	金正日が朝鮮労働党中央委員会総書記に就任
1998	大阪音楽大学短期大学に入学	北朝鮮がテポドン1号と呼ばれるミサイルを日本海に向けて発射
2000	「南北共同声明発表記念コンサート」に出演 神戸市の中学校で歌と講演「在日を生きる」 日本人演奏家とハングル歌曲を共演する 「日本・韓国・朝鮮歌曲の夕べ」をはじめる 駐大阪韓国領事館より「第3回在外同胞ソウル芸術祭」に招聘されるも女将業のため断念 「ワン・コリアフェスティバル」に出演	
2002	大阪音楽大学声楽専攻科に進学 甲状腺炎症を発症する	FIFAワールドカップ日韓合同開催 日朝平壌宣言。北朝鮮が日本人拉致問題を謝罪
2003		北朝鮮が核不拡散条約脱退を宣言
2004	コリアン・ワールド主催「これからの在日の道」に出演 関西学院で講義「在日女性の生き方と音楽」	日朝首脳会談。拉致被害者家族5人が帰国する

2005	大阪いずみホール 「金桂仙ソプラノ・リサイタル・コンサート」を開催 大阪いずみホール「民族の交響詩」で 日本・韓国・朝鮮歌曲を披露 夫の故郷・済州島での墓参のため韓国を訪問 民団支部による「女性の集い」に参加	
2006	母逝去（89歳） 日本人作曲・作詞の在日コリアンの歌 『心のふるさと――マウメ・コヒャン』を披露	北朝鮮が弾道ミサイルを日本海に向けて発射。地下核実験を行う
2007	インターナショナルスクール 「コリア国際学園」入学式に参加 市民向け語学講座「歌って覚えよう やさしい韓国語」で講師を務める	
2008	ソウル祥明大学から招聘され 韓国・朝鮮歌曲を披露	
2009	韓国・慶州「ナザレ園」を訪問し、 残留日本人妻に歌を届ける	京都朝鮮学校襲撃事件
2010	体調不良で生死の境を彷徨う 日本平和学会や、京都国際会議場 「海外コリアンシンポジウム」に出演	韓国・延坪島砲撃事件
2011	大阪府草の根人権賞を受賞する	北朝鮮で金正日死去。金正恩が第3代最高指導者に就任する

年	事項	社会の出来事
2012	東日本大震災チャリティコンサートや日韓を結ぶ講演・歌手活動に注力 「ナザレ園」を再訪	
2013	母校の「北大阪朝鮮初・中級学校創立55周年記念コンサート」に出演 東日本大震災被災地支援のため在日2世、3世、4世歌手によるコンサート「日本に咲くムクゲの花」を企画・指導	
2016	女将業を引退 ヴォイストレーナーとして後輩の指導に力を入れる	
2017	在日コリアン歌手による「ハングル・ウィンター・コンサート」を企画・出演	韓国で文在寅大統領就任
2018	在日コリアンの高齢者施設「故郷の家・神戸」でコンサートを開催 現在、(社)日本演奏連盟、関西歌曲研究会、神戸波の会、奈良秋篠音楽堂うたくらぶ会員。 韓国うた会《ハナの会》代表をつとめる	韓国で平昌オリンピック開催。南北合同チームも参加する 南北首脳会談 米朝首脳会談(シンガポール)

参考文献

和田春樹『北朝鮮現代史』岩波新書、２０１２年
文京洙『韓国現代史』岩波新書、２００５年
高崎宗司『植民地朝鮮の日本人』岩波新書、２００２年
金贊汀『在日、激動の百年』朝日新聞社、２００４年
饗庭孝典、ＮＨＫ取材班『ＮＨＫスペシャル朝鮮戦争――分断38度線の真実を追う』日本放送出版協会、１９９０年
大沼久夫『朝鮮分断の歴史――１９４５年〜１９５０年』新幹社、１９９３年
大沼久夫編『朝鮮戦争と日本』新幹社、２００６年
西村秀樹『大阪で闘った朝鮮戦争――吹田枚方事件の青春群像』岩波書店、２００４年
姜信子『日韓音楽ノート――〈越境〉する旅人の歌を追って』岩波新書、１９９８年
テッサ・モーリスースズキ（田代泰子訳）『北朝鮮へのエクソダス――「帰国事業」の影をたどる』朝日新聞社、２００７年
菊池嘉晃『北朝鮮帰国事業』中公新書、２００９年
田月仙『禁じられた歌――朝鮮半島音楽百年史』中公新書ラクレ、２００８年
茨木のり子『自分の感受性くらい』花神社、１９７７年
茨木のり子『ハングルへの旅』朝日文庫、１９８９年
康宗憲『死刑台から教壇へ――私が体験した韓国現代史』角川学芸出版、２０１０年
後藤文利『韓国の桜』梓書院、２０１０年
上坂冬子『慶州ナザレ園――忘れられた日本人妻たち』中央公論新社、１９８２年
田内基『愛の黙示録――母よ、そして我が子らへ』汐文社、１９９５年
V・E・フランクル（霜山徳爾訳）『夜と霧』みすず書房、１９８５年
河原理子『フランクル『夜と霧』への旅』朝日文庫、２０１７年
ＭＢＳラジオドキュメンタリー『獄中13年――独裁政権に立ち向かった留学生の青春』毎日放送、２００８年
ＭＢＳラジオドキュメンタリー『故郷の歌』毎日放送、２００９年
ＭＢＳラジオドキュメンタリー『異郷に故郷を届けたい』毎日放送、２００９年
朝日新聞大阪本社版記事、１９９０〜２０１８年

歌曲出典

『朝鮮名曲集』朝鮮平壌文芸出版社、1975年
『改正版　韓国歌曲200曲選』世光音楽出版社、1976年

著者紹介

坪井兵輔　つぼい・ひょうすけ

1971年大阪府生まれ。阪南大学国際コミュニケーション学部准教授(ジャーナリズム論)。慶応義塾大学経済学部卒業後、MBS毎日放送に入社。記者およびディレクターとして、テレビ・ラジオで報道番組の制作を担当。同社ベルリン支局特派員、TV報道局ドキュメンタリー専属ディレクター等を務め、2017年より現職。

主なTVドキュメンタリー作品に『家族づくり――子どもたちと里親の一年』(毎日放送、地方の時代映像祭優秀賞)、『知られざる最前線――神戸が担ってきた"日米同盟"』(毎日放送、坂田記念ジャーナリズム賞特別賞)、『見えない基地――京丹後・米軍レーダー基地計画を追う』(毎日放送、ギャラクシー賞奨励賞)ほか。ラジオドキュメンタリー作品に『故郷の歌』『獄中13年――独裁政権に立ち向かった留学生の青春』(毎日放送)ほか。共著に『日本のジャーナリズムはどう生きているか』(八巻和彦編著、成文堂)。

阪南大学叢書*112*

歌は分断を越えて

在日コリアン二世のソプラノ歌手・金《キム》桂仙《ケソン》

2019年3月31日 初版第一刷発行

著者　坪井兵輔

発行者　株式会社 新泉社
〒113-0033 東京都文京区本郷2-5-12
Tel 03-3815-1662　Fax 03-3815-1422

装幀　納谷衣美

装画　中井敦子

印刷・製本　萩原印刷

ISBN978-4-7877-1906-5 C0036